SCIENCE
DE
L'ORGANISATION SOCIALE.

A VERSAILLES,

De l'Imprimerie de Locard fils,

Avenue de l'Orient, N.° 42.

SCIENCE
DE
L'ORGANISATION SOCIALE,
DÉMONTRÉE
DANS SES PREMIERS ÉLÉMENS,
OU

Nouvelle Méthode d'étudier l'Histoire, les Voyages, l'Économie Politique, la Morale, le Droit des Nations, et d'assurer le succès de l'Enseignement Public.

Par le Citoyen J.-ANDRÉ BRUN,

Nommé Professeur de Logique aux Ecoles Centrales de Paris ; Auteur de plusieurs ouvrages d'Economie Politique ; ancien Professeur de Philosophie à Aix, de Mathématiques et de Fortifications aux Ecoles Militaires de Tournon et Vendôme ; Membre de diverses Sociétés Littéraires, etc., etc.

A PARIS,

CHEZ { CERIOUX, Libraire, Quai Voltaire, N.° 9 ;
MOUTARDIER, Libraire, Quai des Augustins, N.° 28.

AN VII.

DISCOURS
PRELIMINAIRE.

OFFRIR une nouvelle Méthode d'envisager des Sciences, dont l'étude est si nécessairement liée au bonheur des hommes, c'est inviter le Public à me demander compte des Ouvrages qui ont paru sur le même sujet. J'indiquerai tous ceux, à-peu-près, que je me souviens d'avoir lus, concernant ces intéressantes matières, et je ferai part de l'impression qui en est restée dans mon esprit. Ces deux obligations sont les seules qui me paroissent imposées, parce qu'elles sont les seules qu'il me soit possible de remplir. Il n'en seroit pas de même, si nous avions des établissemens littéraires, des compagnies savantes, qui eussent assigné ou travaillassent à assigner le dernier terme auquel chaque science se trouvoit parvenue à une époque quelconque. Dans une position semblable, mes devoirs seroient beaucoup plus étendus, et il me seroit plus facile, plus agréable de m'en acquitter. Je ne me bornerois point alors à rappeller les histoires anciennes et modernes, Romaine et Universelle, générale et particulière des Rollin, Millot, Laurent-Echard, Hardouin, Bossuet.... L'origine des lois de Goquet, le Recueil des Mœurs, Coutumes et Cultes de tous les Peuples, le Voyageur Français, l'Histoire Philosophique et Politique du Commerce des Européens dans les Deux Indes, (l'Ami des Hommes, les Corps Politiques, le Caractère des Nations, les Discours de Letrône, l'Alembic des Lois, le Systême Social, les discours de Rousseau, sur l'origine de l'inégalité des conditions et sur l'économie politique, son Emile et son Contrat Social; l'Administration des Finances de France, par Necker; la Richesse des Nations, par Smith; la Théorie de l'Education, par Grivel, l'an 2440; la Sociabilité de Pluquet, les Œuvres de Condillac et de Mably, les Méthodes de Lenglet du Frenoy, l'Esprit des Lois, l'Ordre essentiel et politique des Sociétés, le Discours de Herrenschwand, sur la population; le Petit Code de la raison Humaine, les Œuvres de Mirabeau, celles d'Helvétius, de Boulanger, du marquis d'Argens, de la Métrie, de Dalembert, Condorcet, etc. etc.)

Livré de bonne heure à ces sortes de méditations, je crus m'appercevoir, il y a environ quinze ans, que la science de l'économie politique n'étoit démontrée dans aucun des ouvrages qui m'étoient connus. Plus j'en lisois, plus j'étois frappé du vuide que j'avois d'abord entrevu. Tous les auteurs me parurent tomber dans des défauts qui se ressembloient en quelques points, les uns donnant trop à l'Agriculture, les autres trop aux Manufactures, d'autres se laissant dominer par l'esprit de système, et tous se pressant de conclure du particulier au général; c'est-à-dire, de déduire de quelques cas particuliers, de prétendues règles générales, que l'expérience et la plus légère réflexion démentoient à chaque instant.

Montesquieu, réputé le plus profond de ces écrivains, me sembla devoir être rangé dans une classe à part; mais j'eus beau l'examiner avec tout le soin dont j'étois capable, je ne trouvai jamais dans l'esprit des lois, que ce que l'Auteur avoit voulu y mettre; savoir, l'esprit des lois qui existoient ou avoient existé, et non l'esprit des lois qui devroient exister pour le bonheur des hommes. Je renonçai donc à l'étude d'un esprit attribué à des lois, dont la seule existence prouvoit, selon moi, que ceux qui les avoient faites, étoient bien éloignés d'être remplis de l'*esprit* qui eût dû les inspirer. Je restai aussi frappé de l'étonnante multitude de chapitres au milieu desquels je crus voir dans un véritable isolement, des matériaux destinés, sinon à la construction, du moins à l'explication de l'édifice social, et devant à cet effet présenter de grandes masses, plus faciles à saisir, plus propres à laisser une impression durable.

Dans cet état des choses, je songeai d'abord à éviter les inconvéniens dont je viens de parler ; et en me frayant une nouvelle route, quant au fond, j'évitai aussi de dépecer mes idées et de les disperser dans une infinité de cadres différens ; je dis une nouvelle route, parce que j'ignorois, comme je l'ignore encore, qu'aucun Auteur eût établi pour principe unique en fait de législation « que toutes les lois devoient être relatives aux besoins, aux occupations des peuples pour qui elles étoient faites». Ce principe, au reste, me parut si évident, que je n'eus garde de me l'attribuer comme une découverte. Je m'en servis seulement, pour proposer un nouveau plan général de législation, adapté aux besoins *actuels* des nations agricoles, commerçantes. Et comme le pouvoir arbitraire avoit défendu à cette époque (1784) d'écrire sur les matières de législation, je donnai au public mon travail sous un nom propre à détourner l'attention ministérielle que j'avois à redouter. Mon ouvrage avoit pour titre : le Triomphe du Nouveau Monde, Réponses Académiques formant un nouveau systême de confédération, fondé sur les besoins actuels des nations chrétiennes commerçantes, et adapté à leurs diverses formes de gouvernement, par l'ami du corps social, 2 vol. *in*-8.°

Cet écrit renfermoit effectivement un plan de confédération, dont les principaux articles seront peut-être un jour mis en vigueur ; mais il contenoit aussi, comme l'esprit des législations civile, politique, religieuse, criminelle, militaire, commerciale, éducatiale, financière, sur-mendicité, et autres que réclamoient à cette époque les besoins des Nations Européennes, et dont la plupart, s'il faut le dire, peuvent encore être utiles en ce moment. C'est dans cet ouvrage que j'employai avec la même circonspection, et une fiction catholique pour substituer le langage de la raison à celui des superstitions religieuses ou anti-religieuses, et une fiction poétique pour.... mais ce n'est pas de tout cela qu'il s'agit ici.

Je disois donc que ces nouveaux codes portoient tous sur le grand principe, « que les lois doivent être relatives aux besoins des peuples pour qui elles sont faites » ; or cela étant, il s'ensuit que les lois doivent être relatives à l'état social de chaque peuple ; d'où il résulte qu'il faudra autant d'espèces de législations, qu'il y aura d'espèces d'états sociaux parmi tous les peuples de l'univers. La conviction où j'étois de cette vérité, fut cause d'une partie du titre que je viens de rappeller littéralement, et j'insistai dans plusieurs occasions sur cette maxime fondamentale, dont je ne me suis départi dans aucun des écrits que j'ai publiés depuis.

Cependant, malgré l'espèce de célébrité occasionnée au triomphe du Nouveau Monde, par la persécution fanatique et ministérielle qu'il me suscita, je dois avouer que je n'ai point vu mettre à profit, autant du moins que je l'aurais désiré, ni les grandes vues dont il est parsemé, ni les législations raisonnées qu'il contient (*), ni même citer une seule fois une de mes grandes bases en fait de législation ou en matière d'instruction publique. Quelle peut donc être la cause d'un pareil oubli? Tandis que je m'occupois à la découvrir, je n'ai cessé de prendre connoissance de ce qui a été publié sur l'éducation et sur les matières d'économie politique. Ma surprise à été extrême de ne trouver nulle part rien qui me parût faire partie d'un plan général combiné dans toutes ses parties, et d'une théorie, sinon démontrée, au moins reconnue pour incontestable.

Je me suis donc enfin cru autorisé à conclure, et de mes anciennes et de mes

(*) J'aurai occasion de revenir sur cette idée.

nouvelles observations, que la double science sur laquelle repose le bonheur des hommes étoit encore à naître. Comment parvenir à la gloire d'avoir posé la première pierre d'un si important édifice ? Comment jouir sur-tout de la douce satisfaction de voir un travail de cette espèce, s'il étoit jamais fait, rendu véritablement utile à ma patrie et à mes semblables ? Sans trop examiner si cette perspective devoit multiplier mes forces ou m'inspirer une juste défiance, j'avais déjà abordé la question, fort de ma bonne volonté, et de la pureté de mes motifs. Ainsi d'une part, frappé de l'idée que chaque espèce d'état social exigeoit une espèce de législation ; et convaincu, d'autre-part, que l'observation étoit l'instrument universel accordé à l'esprit de l'homme, pour le faire parvenir à toutes les découvertes auxquelles il peut prétendre, j'ai rapproché de plus en plus ces deux idées. Leur point de contact a fait jaillir un trait de lumière, qui m'a paru éclairer simultanément toutes les branches de l'organisation sociale. Je me suis rappellé alors que les ouvrages que j'avais lus sur cet intéressant objet, renfermoient plus ou moins d'observations précieuses, appliquées isolément à tel ou tel état social. Confirmé par-là dans ma résolution, j'ai commencé à passer en revue l'état social des peuples qui existent et de ceux qui ont existé. Cette comparaison m'a fait voir que je pouvois lier l'étude de l'histoire à celle des objets d'économie politique. Non content de promener alors mes regards sur l'état social des peuples actuels, j'ai pu, à mon gré, les détourner vers les siècles écoulés, et enrichir ma théorie de l'expérience de tous les âges. Fortifié de ce moyen, nouveau pour moi, quoique inutile dans les mains des autres, je me suis trouvé à même et de poser les premières bases de ma Nouvelle Méthode, et d'en présenter les principaux linéamens sous une forme élémentaire qui la rendît partie intégrante de la nouvelle instruction nationale, et d'offrir enfin le tableau raisonné de toutes les branches des connoissances humaines, dont l'enseignement public pouvoit correspondre aux immenses besoins de notre état social actuel.

La formation de ce nouveau tableau m'a paru nécessitée encore, par le silence des lois et des rapports concernant les moyens d'assurer le succès de l'enseignement public; de façon que ce vuide est un des points principaux que je me suis occupé de remplir.

Quant à ma Nouvelle Méthode d'étudier l'histoire, je n'observerai point qu'elle n'a rien de commun avec l'idée qu'avoit eue Dalembert, de commencer cette étude par les tems présens, pour la continuer en remontant de proche en proche vers les siècles passés.

Ma nouvelle idée se réduit pour ainsi dire, en deux points dont le premier consiste à commencer l'étude de l'histoire par l'état social de tous les peuples actuels ; et le 2.d consiste à étudier cet état par une marche tellement combinée dans toutes ses parties, qu'il soit impossible de ne pas en prévoir les heureux résultats.

En effet ma Méthode n'a pour objet fondamental, ni les événemens historiques, ni la simple position géographique des peuples actuels, mais bien les élémens de leur état social; ensorte que son caractère particulier est d'observer ces élémens, d'en compter le nombre et d'en distinguer l'espèce, suivant qu'elle est plus ou moins rapprochée de l'état naturel. C'est ce travail qu'on trouvera exécuté dans mon Essai, avec la plus grande précision, et sans le secours des compilations, dont il eût été si facile de grossir cet ouvrage. Nous avons à nous occuper de matières trop intéressantes, pour ne pas renvoyer à un autre tems des détails ou connus de nos lecteurs, ou capables de les distraire du soin avec lequel nous désirons qu'ils examinent cette nouvelle science élémentaire.

Ils doivent pressentir que, comme l'économie politique, la morale et le droit des nations ne sont, à proprement parler, que la science des rapports de l'homme en société, avoir embrassé à-la-fois l'état social de tous les peuples, considéré sous toutes ses faces, c'est s'être donné toute la facilité possible de découvrir ou de présenter ces rapports dans leur origine, dans leurs progrès, dans leur plus haut période, et sous les divers points de vue qui les caractérisent. Ils ne seront donc pas surpris que la nouvelle manière d'envisager les principales branches de la science sociale, réunisse des avantages auxquels il étoit impossible d'atteindre par les méthodes usitées. Ils en pourront juger par les trois suivans :

D'abord, nous avons exclu de notre travail, toute idée purement arbitraire, en puisant toutes nos données dans l'état actuel des différens peuples :

Puis nous avons ramené les principes et les notions concernant ces matières importantes, à une seule et véritable science, démontrée dans ses premiers élémens, que nous appellons à ce titre, *Science Elémentaire :*

Et enfin, nous avons déduit de cette nouvelle source de lumières, les premières espèces de nouveaux secours les plus nécessaires en ce moment à la République et aux peuples avec lesquels elle est en relation, soit de gloire ou d'intérêt.

SCIENCE
DE
L'ORGANISATION SOCIALE,
DÉMONTRÉE
DANS SES PREMIERS ÉLÉMENS,
OU

Nouvelle Méthode d'étudier l'Histoire, les Voyages, l'Économie Politique, la Morale, le Droit des Nations, et d'assurer le succès de l'Enseignement Public.

PREMIER POINT DE VUE.

Causes du peu d'utilité de l'Etude ordinaire de l'Histoire ; bases et but d'une Nouvelle Méthode.

En voyant tous les jours jusqu'à quel point les leçons du passé sont inutiles au bonheur de la génération présente, on seroit tenté d'en conclure que l'expérience des siècles et des peuples est partout totalement ignorée. Néanmoins un léger examen suffit pour se convaincre que les plus grandes fautes sont quelquefois commises par des hommes qui ont vieilli dans l'étude des Historiens, des Voyageurs les plus estimés, et qui connoissent non-seulement les dates des principales révolutions des Empires, mais encore le texte des meilleures lois, et les circonstances les plus secrètes de toutes ces terribles catastrophes, qui ont si souvent ensanglanté la surface du globe.

Quelle peut donc être la cause d'un pareil défaut d'utilité de l'histoire en général ? Faut-il s'en prendre à la nature même d'un si vaste sujet, ou à la nature de l'homme ?

Après avoir réfléchi sur cette question, on pensera peut-être avec nous, que la manière ordinaire d'envisager les différens matériaux des Annales des Nations, a seule empêché jusqu'ici d'en retirer de plus grands avantages.

D'abord effrayé des nombreux motifs d'incertitude qui ont été dépeints par les auteurs des méthodes les plus connues d'étudier et d'écrire l'Histoire, et étonné de la diversité de lumières acquises, que les mêmes auteurs exigent pour se livrer avec succès à ce genre d'étude, on se demandera, sans doute, si un homme qui seroit déjà si instruit, auroit

un

un besoin absolu d'une science qui ne lui apprendroit que des faits, en confirmation de ce qu'il sait déjà, et on s'appercevra que les connoissances données pour préliminaires, ne peuvent être que le fruit d'une étude raisonnée de la civilisation et de ses divers dégrés, et par conséquent que le fruit d'une étude approfondie des vraies richesses historiques.

Si vous examinez ensuite les divers degrés de civilisation, par lesquels l'espèce humaine a successivement passé, et ceux auxquels elle est parvenue en ce moment, dans les différentes contrées de la terre, vous trouverez entre ces derniers et les premiers, une ressemblance incontestable, et vous en conclurez que quiconque connoîtroit bien les uns, n'auroit pas de peine à concevoir les autres.

En vertu de ces premières observations, il vous paroîtra facile de mettre à profit, l'expérience des siècles et des peuples, sans traverser le labyrinthe des innombrables motifs d'incertitude, et en se rapprochant, au contraire, des deux principales sources des connoissances humaines, l'observation et le raisonnement.

D'ailleurs, puisqu'il est naturel que les hommes, que les jeunes gens sur-tout, soient plus curieux, plus empressés de connoître des objets qui existent, et qu'ils peuvent eux-mêmes voir et vérifier, que des choses déjà ensevelies dans la nuit des tems, puisque les faits les moins incertains de l'Histoire antérieure à nos jours, sont trop nombreux, pour pouvoir tous être offerts à la mémoire, pourquoi ne pas préférer à ces anciens faits d'autres faits de la même espèce, mais plus certains, plus tranchans, plus faciles à rapprocher entre eux, et plus susceptibles par ces diverses raisons, de conduire à des résultats intéressans ?

On conviendra donc que l'enseignement de l'Histoire doit commencer par la connoissance des différens peuples qui existent en ce moment, sauf à remonter ensuite aux tems antérieurs à l'époque actuelle, conformément à d'autres principes analogues.

D'un autre côté, le but de cette étude étant de rendre les hommes plus instruits de leurs moyens d'existence et de bonheur, qu'ils ne sauroient l'être, sans l'expérience de leurs semblables ; on jugera que le premier devoir d'un historien est de diriger tout son travail vers ce but important, et qu'il doit en conséquence se proposer pour règle invariable de toutes ses recherches,

1.° De ne puiser dans les récits authentiques des voyageurs, que les faits les plus certains et de nature à être vérifiés sur les lieux par de nouvelles observations;

2.° De réunir dans un même tableau, tous ceux de ces faits qui tendent à établir la même vérité essentielle, soit de droit naturel ou d'économie politique, soit le même degré de civilisation, en co-ordonnant ces tableaux entre eux, suivant leur filiation naturelle;

3.° De placer dans les tableaux successifs de civilisation, non-seulement toutes les connoissances graduellement appellées au secours de l'homme, mais sur-tout les diverses causes dont sont nés, dans l'origine, les droits et les devoirs de l'homme en société;

4.° Enfin, de faire remarquer la différence de droits et de devoirs que chacun de ces états successifs de civilisation, avoit imposé ou imposoit aux différens peuples, en observant jusqu'à quel point l'ignorance de cette diversité de droits et de devoirs a été une des premières et principales causes de guerre entre les nations.

Ce simple apperçu peut déjà faire entrevoir combien le champ de l'Histoire, cultivé d'après nos vues, deviendra fertile, et comment il offrira tout à-la-fois un Cours d'Organisation Sociale et d'Histoire de l'espèce humaine; j'entends, non le récit de la stupidité des peuples et des crimes des gouvernans, mais le tableau fidèle de l'homme vivant en société plus ou moins civilisée, et l'Histoire générale des hommes passant du premier degré de civilisation dans tous les autres, en voyant à mesure leurs droits et leurs devoirs s'établir sur les fondemens mêmes de l'Etat Social.

Mais avant d'entrer dans de nouveaux développemens sur ces grands objets, tâchons de reconnoître la marche positive que devra suivre tout Auteur ou Professeur déterminé à préférer la nouvelle méthode aux anciennes.

II.e POINT DE VUE.

Marche positive, et traits principaux de la Nouvelle Méthode.

Le Professeur commencera par montrer le lieu de la scène, c'est-à-dire, par la Géographie physique, en ayant soin d'éviter les théories purement scientifiques, et en s'attachant, aucontraire, à présenter cette science sous une forme simplifiée, et avec une gradation d'idées, qui la rendent intelligible à tout lecteur attentif.

Les immenses ressources qu'il aura, pour fixer l'attention, ne lui feront pas perdre de vue, un instant, qu'il devra être laconique, clair et instructif, en sorte que le cœur et l'esprit, le sentiment et la raison, se trouvent l'un ou l'autre, continuellement exercés, et jamais la sotte crédulité.

Après avoir initié dans la connoissance des divisions naturelles et sphériques du globe, il passera aux peuples dont se compose la famille actuelle du genre humain.

Il observera d'abord, qu'ils se distinguent entre eux, par leur manière de se nourrir, de se vêtir, de se loger, de se gouverner, etc.; mais que leur nourriture étant fondée sur le premier besoin de l'homme, il l'employera de préférence pour classer quelques peuples, particulièrement remarquables sous ce premier rapport; il s'interdira partout les dénominations égoïstes de sauvage, barbare, ou autres semblables; et il distribuera finalement tous les peuples, suivant la marche progressive des degrés de civilisation, dans l'ordre porté sur ce tableau.

Tableau des degrés de civilisation des peuples actuels.

Degrés de civilisation.	Peuples correspondans.
1.er degré.	Peuples ne vivant, du plus au moins, que de chasse, de pêche et de végétaux sans culture.
2.e	Peuplos ne vivant, du plus au moins, que de chasse, de pêche, de végétaux sans culture, et de *bétail* (*).

(*) Le caractère italique désigne les nouveaux élémens de chaque degré de civilisation.

3.e Peuples vivant, du plus au moins, de chasse, de pêche, de bétail *et des premiers produits d'une agriculture naissante.*

4.e Peuples qui joignent aux objets précédens l'*usage d'espèces de marchés*, pour les y échanger en nature.

5.e Peuples qui ont imaginé de faciliter leurs échanges par l'*emploi de certains coquillages.*

6.e Peuples qui remplissent le même objet, avec plus de facilité encore, par l'*usage des métaux importés parmi eux.*

7.e Peuples Pasteurs - Agricoles et *Manufacturiers.*

8.e Peuples qui emploient de plus la *navigation intérieure et le cabotage.*

9.e Peuples qui *jouissent des denrées* et des produits industriels de *presque tous les pays*, mais par le moyen et *sous la dépendance* d'une Métropole ou souveraineté étrangère.

10.e Peuples qui *savent eux-mêmes s'approprier*, du plus au moins, *les productions de tous les climats*, à la faveur de la navigation hauturière, et de tous les moyens connus.

Ces dix degrés ou classes embrassent, comme on voit, la totalité des peuples de la terre, et chacun des dix en renferme un moindre ou plus grand nombre.

En second lieu, les élémens qui composent les diverses classes, sont tous puisés dans l'état actuel du genre humain, et ils diffèrent tous entre eux par un caractère bien remarquable; c'est que ceux de la première classe sont plus rapprochés de l'état naturel, que ceux de la seconde; ceux-ci plus rapprochés encore que ceux de la troisième, et ainsi de suite jusqu'à la dixième classe, dont les élémens se trouvent le plus éloignés du même point fixe.

Ces dix degrés sont aussi comme la charpente du nouvel édifice à élever sur les ruines de la routine mère, de l'ignorance et des préjugés. Mais c'est à la suite des explications qui nous restent à donner, à faire connoître et les précieux avantages attachés à cette nouvelle marche, et les fondemens inébranlables qui lui servent de base. Formons-nous auparavant une idée de la manière de présenter successivement les différens degrés de civilisation.

IIIe POINT DE VUE.

Manière de traiter les objets communs ou particuliers aux dix classes des différens Peuples.

Objets Communs.

Chacun des dix degrés de civilisation offrira un tableau intéressant, ici, par les détails physiques relatifs à la portion du globe habitée, par chacun de ces peuples; là, par les droits analogues à chaque nation, et les devoirs qui en résultent; plus loin, par sa manière de se nourrir, de se couvrir, de se loger, de rendre hommage à la divinité; par ses mœurs vertueuses, par ses divers points de contact avec d'autres peuples.

Le tableau des mœurs, devra être frappé de main de maître, en sorte que la liaison qui s'établira dans la mémoire entre ces descriptions touchantes et le genre de vivre des peuples, devienne un moyen de rappel avantageux, dans toutes les occasions où l'on verra le même genre d'action, ou seulement les mêmes objets physiques.

Le trait de philantropie politique consistera ici à lier des idées utiles à des objets usuels, afin de déposer dans l'âme des lecteurs un germe de bonnes pensées, de sentimens vertueux, et comme un foyer de nouvelles combinaisons d'idées dirigées vers le bonheur de l'homme. Cet effet précieux devra être rempli à l'insu des lecteurs, et par une suite naturelle de la liaison d'idées, qui aura été habilement établie entre les notions acquises sur les dix classes de peuples actuels, et entre les principes conservateurs de l'Etat Social.

Objets Particuliers.

En parlant du deuxième degré, on examinera les caractères qui le distinguent du premier, et jusqu'à quel point les élémens de celui-ci s'y trouvent encore en même-tems. Cette marche est celle qui sera suivie pour chacune des autres classes, jusqu'à la huitième inclusivement.

La neuvième présentera des détails d'une espèce plus particulière, par sa dépendance, plus ou moins grande, d'une Métropole. Mais pour ne pas anticiper à ce sujet, et pour éviter la confusion qui a été répandue jusqu'ici sur cette matière, on se fera un devoir d'envisager chacun des peuples de ce degré, par rapport à lui-même, considéré relativement aux classes précédentes et à son point précis de prospérité particulière et distinctive, de façon que la Métropole n'y paroisse point pour elle-même, mais seulement par son influence sur le bonheur ou le malheur des peuples qui y seront exposés.

Quant à la dixième classe, pour empêcher que les élémens nombreux qui s'y trouvent réunis, n'y soient en même-tems tous confondus, on examinera séparément, 1.° quels sont ceux des degrés précédens qui y existent; 2.° s'ils y ont été modifiés, et en quoi; 3.° combien d'autres se sont joints à celui de la communication universelle qui caractérise ce dégré; 4.° en quoi consistent tous les nouveaux élémens, considérés, chacun en particulier; en combien de manières ils ont été modifiés, soit entre eux, soit avec ceux qui précedent.

Ensuite on s'appliquera à développer successivement la multitude de modes dont toutes ces données se combinent dans le dixième dégré de civilisation, ce qui fera connoître les différences qui existent entre tous les peuples de cette classe, relativement à leur agriculture, à leurs manufactures, à leur cabotage, à leur navigation, à leur commerce intérieur et extérieur, à leurs forces de terre et de mer, à leurs lumières dans les sciences et dans les arts, à leur législation agricole, civile, religieuse, criminelle, militaire, commerciale, éducatiale, financière, administrative, constitutionnelle, et à leur forme de gouvernement.

N'allez pas conclure de cette longue et dernière énumération, que les matières se trouveront aussi compliquées dans notre méthode, qu'elles l'ont été par-tout jusqu'à présent. Ce seroit oublier que chacune de ces portions de la science de l'homme en société, aura déjà été traitée et mise au plus grand jour dans le dégré particulier où elle aura commencé à faire partie de l'organisation sociale. Et n'est-il pas évident que par cette marche combinée, le dixième degré ne fera paroître sur la scène, que quelques objets de plus, dont l'examen individuel, joint aux connoissances acquises précédemment, fournira une solution lumineuse à toutes les difficultés formées ou à former en organisation sociale ?

IV.e POINT DE VUE.

Motifs de notre division, et insuffisance des classifications ordinaires.

Je dis d'abord, insuffisance des classifications ordinaires, par une raison bien sensible, c'est que si les notions actuelles d'économie politique formoient une véritable science démontrée dans ses premiers élémens, il faudroit que, comme en mathématiques, cette science fournît des règles invariables, pour répondre d'une manière certaine et exempte de tout arbitraire, aux questions qui la concernent. Or, qui ne sait combien la conduite des Administrateurs des Empires, est loin de prouver un pareil ordre de choses, soit qu'on se rappelle la succession des événemens historiques de tous les siècles connus, soit qu'on jette un regard sur l'universalité des peuples qui existent en ce moment ?

Quel choix voudriez-vous en effet, que fissent des hommes ordinaires, au milieu de systêmes tous différens les uns des autres ? Se régleroient-ils sur les dix abstractions des Economistes, avances, travail : production, distribution, consommation, reproduction; ou sur les cinq sections du cours d'Economie politique, professé à l'Ecole Normale, ou sur les quatre parties du dictionnaire d'Economie Politique de la nouvelle Encyclopédie; ou sur les trois modes d'association, auxquels les peuples sont réduits par Herrenschwands, savoir, en chasseurs, pasteurs et agriculteurs; ou sur les deux mobiles des gouvernemens désignés par Montesquieu, l'honneur et la vertu; ou sur le grand principe du Triomphe du Nouveau Monde, que les lois doivent être relatives aux besoins des peuples pour qui elles sont faites?

Mais d'abord, quel fruit retirer du prétendu enseignement d'une science dont le professeur aura lui-même dit, ainsi que le citoyen Vandermonde, « que les applica-» tions à tel pays, à telle époque, à telle cir-» constance exigeoient des connoissances de » détail qui n'étoient pas de son ressort? » qu'il lui suffit de montrer combien le ré-» sultat des principes doit varier selon les » hypothèses, et de faire sentir les difficultés » que doivent éprouver le Législateur et l'Ad-» ministrateur, pour adopter, dans chaque » circonstance, la conclusion qui se déduit » de la combinaison des principes? » (*T.* 2. *de l'Ecole Normale*, p. 287.)

« Que les *principes* sont des choses rigou-
» reuses dans l'énoncé du professeur; mais
» que malheureusement l'application ne peut
» pas toujours y être conforme ? » (p. 352 *du vol. des Débats.*)

La citation de ce savant peut donner une idée de l'état de ces sortes de connoissances, d'autant plus qu'il cite lui-même l'*Essai sur les Principes de l'Economie Politique*, par James Stevart; *la Richesse des Nations*, par Adam Smith; l'*Essai Analytique, sur la Richesse et sur l'Impôt*, par Graslin.

Nous mettrons à portée d'apprécier l'*Economie Politique* de la Nouvelle Encyclopédie, en rapportant l'article même de ce nom, dans lequel le lecteur retrouvera aussi la doctrine des Economistes.

« *Economie :* ce mot, dit l'Ancienne En-
» cyclopédie, vient du grec *oïcos*, maison,
» et de *nomos*, loi, et ne signifie originaire-
» ment, que le sage et légitime gouvernement
» de la maison, pour le bien commun de toute
» la famille. Le sens de ce terme a été dans
» la suite étendu au gouvernement de la
» grande famille, qui est l'état.

« On a joint au mot d'économie, différentes épithètes qui en étendent ou en modifient la signification. La nature de notre travail nous dispense de nous arrêter à ces différences.

Nous

Nous nous contentons d'indiquer trois sortes d'Economies, l'*Economie privée* ou *domestique*, *l'Economie sociale* et *l'Economie générale* ou *politique*.

» C'est de l'*Economie Politique* seulement, dont il peut être ici question, quoiqu'elle dépende en quelque sorte de l'*Economie sociale* et de l'*Economie privée*, et que les trois ne fassent qu'un tout indivisible, assujetti au calcul, et au même calcul applicable à de grandes et à de petites proportions, mais toutes résultantes de l'ordre.

» L'ordre politique néanmoins embrasse tous les autres, et de même que l'ordre social et l'ordre domestique nourrissent, fortifient et complètent l'ordre politique; celui-ci les maintient et les préserve activement, en tendant toujours à les maintenir invisiblement.

» L'ordre naturel est le principe du tout ensemble, il l'est de l'ordre individuel, de l'action, du repos de l'homme, de leur objet et de leur moyen; il fait naître de celui-ci l'ordre domestique, de cet autre l'ordre social intérieur, et de ce dernier enfin l'ordre politique, qui est l'ordre social, général et supérieur.

» Non-seulement la véritable économie consiste dans l'ordre, mais elle en est le moyen. Elle n'est point parcimonie, comme on a quelquefois voulu le croire, faute de calcul et de lumières; elle est au contraire l'emploi continuel et assidu de tous ses moyens à l'effet de profiter.

» Ces moyens dépendent tous foncièrement de l'intelligence de l'homme, car nous avons moins de force que l'éléphant, moins de vitesse que le cerf, moins d'agilité que le singe et l'écureuil, moins d'industrie machinale, que n'en montrent bien des animaux dans ce qui est du ressort de leur instinct; pas un néanmoins ne sait et ne peut cultiver la terre et solliciter l'abondance du sein maternel.

» L'agriculture donc, vrai pivot de la vie de l'homme, dépend de son intelligence; il ne peut la pratiquer avantageusement qu'à l'aide de ses semblables, ce qui nécessite la société qui dérive d'une première association de travaux et deprofits. La société et tous ses liens et sa durée dépendent de la bonne foi à remplir les conditions naturelles de l'association; et la bonne-foi de l'homme, comme toutes les autres vertus dont elle est la base, dépend de son intelligence.

» Tous nos moyens sont donc dans l'intelligence. Mais celle-ci est elle-même en nous un don de la nature, comme l'instinct l'est dans les animaux, avec la différence que l'intelligence est libre ; elle peut devenir ou lâche ou ambitieuse, s'abrutir ou voler de ses propres aîles, et déroger également par l'un et l'autre abus.

» Sans prétendre faire ici de la métaphysique, nous pouvons assurer que dans l'homme naturel, le sentiment primitif du juste et de l'injuste vient de la nature, comme ses appetits et ses vrais besoins; mais les idées d'acception qui naissent de l'expérience, de l'habitude, de la fréquentation et de l'exemple de ses associés, forment en lui des besoins et des prévoyances d'opinion, lui offrent des moyens de prévarication et de fraude, qui corrompent ses sentimens, difforment ses idées naturelles, et le jettent dans le vague destructif de ses propres intérêts, sur les traces incertaines et toujours illusoires d'une aveugle cupidité.

» Si des moyens que l'homme trouve dans la pensée, nous voulons passer à ceux qui consistent dans l'action, nous trouverons que leur direction utile dépend nécessairement du calcul, qui tient encore à notre intelligence. Le calcul suppose la prévoyance qui naît et se forme des souvenirs, de l'examen et de l'expérience, lesquels, d'après des données équivalentes, nous promettent les mêmes résultats. Le bon emploi donc de notre force, de notre adresse et de tous nos moyens physiques, dépend en premier lieu de notre intelligence appliquée à l'esprit de calcul.

» Le calcul est la règle indispensable et la base de toute *Economie*, tant *privée* que *publique*; et quoique l'Economie privée paroisse bien simple et bien bornée auprès de l'autre, si compliquée et si courte, toutefois les règles sont les mêmes pour toutes deux; le point d'où elles partent, est le même pour l'une comme pour l'autre, et celui auquel elles se rapportent, est pour chacune le même également. Pour nous en convaincre, examinons successivement ces deux points fixes de nos rapports primitifs.

» Le premier est sans doute le point d'où doivent partir tous nos calculs d'*Economie*, et ce point est la nature, mère apparente de tous les êtres, et distributrice effective de tout ce qui peut fournir à leurs besoins.

» Celle-ci se meut et agit par des ressorts connus seulement de son auteur; mais son action est soumise à de grandes lois, dont la marche est à-peu-près généralement régulière, et que nous appellons *ordre naturel*.

» Cet ordre consiste dans la révolution constante et circulaire de la production, de la croissance, de la consommation et de la reproduction, qui embrasse toutes les substances et tous les êtres, lesquels pendant le cours de leur existence, sont chacun dans son cercle, partie de la reproduction, reçoivent la croissance, participent à la consommation, et compris dans l'ancien emblême du Phénix de la fable, retournent servir à la reproduction.

» Ici l'emblême a manqué le point principal du miracle de l'ordre naturel, nous voulons dire celui de la multiplication des espèces infinies dans les forces de la nature; multiplication qui n'a de bornes, que celles des secours que l'homme lui donne pour repousser les espèces qui disputent le terrein et la substance à celles qu'il veut faire prédominer. C'est là le but et le travail de l'agriculture. Ce sont les moyens d'aider et de déterminer ainsi la nature vers les objets qui nous sont propres, que l'homme doit apprendre par l'examen, retenir par l'expérience, exécuter par le travail, et réduire en calcul de comparaison des frais de ce travail et du résultat de ses succès. Tel est le premier point; c'est-à-dire, celui de naissance, de croissance, d'extension et de perpétuité dans nos rapports avec la terre. Passons maintenant au second point.

» Celui-ci consiste dans nos rapports avec

les aides de notre travail, et par conséquent avec les hommes, qui tous ne peuvent vivre que par leur association quelconque, soit *licite*, soit *illicite*, avec ce travail primitif. Nous appellons *licite* celle qui est de convention connue, consentie, et observée des deux parts; nous appellons *illicite*, celle qui est de rapine, soit frauduleuse, soit violente.

» L'association ou plutôt la ligue qui ravit de force les fruits du travail d'autrui, arrête, suspend et fait cesser ce travail. Celle qui les attire à soi par ruse ou par fraude, en surprenant la bonne-foi et la simplicité de ceux qui les ont fait naître, détourne ces fruits du véritable objet de leur destination, qui est de retourner vers la source de la reproduction, qu'elle fait ainsi décroître plus ou moins sensiblement, selon la force ou l'impudence des abus, et tend toujours à la dessécher par la suppression des moyens physiques, et conséquemment par celle des moyens moraux qui peuvent seuls la renouveller et l'entretenir.

» En ceci, certainement, l'*Economie privée* est entièrement subordonnée, ou pour mieux dire, assujettie à l'*Economie publique*, autrement à l'*Economie politique*, sur laquelle l'économe rural ne sauroit avoir aucune influence. Lorsque celle-ci s'écarte des principes, elle porte le désordre dans l'*Economie privée*; elle l'appauvrit, et l'économe rural ne peut céder au coup, sans distinguer la main qui le frappe. Tout son calcul ne sauroit le mener qu'à se réduire à l'inaction, pour éviter de perdre ses avances et son travail. C'est ainsi qu'on a semé l'orgueil même de la paresse, chez les peuples autrefois actifs et industrieux; mais l'*Economie politique* n'en est que plus obligée à l'attention sur ses moindres démarches, et à conformer tout son régime aux lois éternelles de l'ordre naturel.

En effet, lorsque le Gouvernement croit n'avoir à veiller qu'aux cas majeurs qui attentent à la paix publique, soit intérieure, soit extérieure, ou que l'Administration provoquée prétend statuer sur les moindres détails, l'un et l'autre se trompent capitalement, et d'une manière désastreuse. De même que le monde va tout seul, d'après l'impulsion une fois donnée par le premier moteur, tous les détails iront d'eux-mêmes, pourvu que la grande main soit attentive à la réclamation des droits du tien, et livre d'ailleurs toute *Economie domestique* à sa propre impulsion. D'autre part, l'autorité suprême et le Gouvernement seront toujours respectés au dehors, et au dedans, et verront la prospérité publique naître, croître et s'étendre comme d'elle-même, pourvu qu'ils observent de ne jamais s'écarter de la première et suprême loi, de l'ordre des choses, de l'ordre naturel, supérieur aux rois de la terre; et si l'on peut parler ainsi, la loi séminale des Nations et des Empires.

» C'est en cela, et en cela seulement, que consiste *l'Economie politique* : que rien n'attente à la marche naturelle et sacrée des avances, du travail, de la production, de la distribution de la consommation et de la reproduction. Voilà la Loi et les Prophêtes; voilà *l'Economie politique*, *l'Economie sociale*, *l'Economie domestique*, enfin *l'Economie publique* et *particulière*. Toute la justice et tout l'ordre se réduisent à cela.

» Le mot *Economie politique* désigne aussi la science qui comprend tous les objets relatifs à la politique, à l'Administration, au Gouvernement intérieur et extérieur d'un état; et c'est dans cette acception étendue, que cet ouvrage est appellé dictionnaire d'Economie politique ».

Quant à l'ancienne Encyclopédie, c'est Boulanger qui est l'auteur de l'article *Economie*, cité plus haut, et qu'il définit en ces termes : « C'est l'art et la science de main-
» tenir les hommes en société, et de les y

» rendre heureux, objet sublime, le plus utile
» et le plus intéressant qu'il y ait pour le genre
» humain. Nous ne parlerons point ici de ce que
» font ou de ce que devroient faire les puis-
» sances de la terre. Instruites par les siècles
» passés, elles seront jugées par ceux qui
» nous suivront. Renfermons-nous donc dans
» l'exposition historique des divers Gouverne-
» mens qui ont successivement paru, et des
» divers moyens qui ont été employés pour
» conduire les Nations. »

Il seroit superflu de parler des deux mobiles des Gouvernemens de Montesquieu, non-plus que de ses climats, et de ses corps intermédiaires; car dès que ces corps intermédiaires n'éxistent plus, c'en est assez pour être assuré de voir prononcer enfin avec justesse sur le bien que l'esprit des lois a fait, ou du moins préparé à l'espèce humaine.

Quant aux auteurs qui depuis ont écrit sur l'Economie politique en général, ou sur quelques-unes de ses branches en particulier, tels que ceux que nous venons de nommer précédemment, les excellens morceaux qu'on trouve dans leurs ouvrages, et les vues d'utilité publique qui leur ont mis la plume à la main, nous imposent un silence rigoureux, sur le mérite de leurs travaux. L'aveu du naïf Vandermonde est la seule critique que nous nous permettrons de leur appliquer. Ils ne pourront s'en plaindre, puisqu'elle porte plutôt sur l'état de la science, que sur les Ecrivains qui l'ont cultivée. En effet, qu'importent les principes que les uns et les autres ont pu établir, si comme le dit Vandermonde, *l'application ne peut pas toujours y être conforme ?*

L'auteur du Dictionnaire des Manufactures, c'est-à-dire, l'un des plus célèbres Collaborateurs de l'Encyclopédie méthodique, et l'un des écrivains du siècle le plus versé dans l'économie politique, a encore ajouté aux incertitudes des auteurs que je viens de nommer; écoutons-le parler lui-même dans son deuxième volume, article commerce:

» Quand j'entends si fort vanter le commerce dans un Etat qui a tant de ressources, je suis tenté de prendre en pitié l'Etat lui-même. Tandis qu'on a les sources de la population, de la force, de la splendeur, de la félicité publique, pourquoi donc tant recourir aux moyens forcés de ceux qui n'ont aucune de ces ressources ? Pourquoi cette ardeur, ce zèle, cette contention pour les manufactures qui minent la constitution des hommes, qui les détériorent à vue d'œil ; Pour le commerce qui concentre chaque être dans son coffre-fort, qui le détache de l'Etat, qui l'isole; qui, comme la finance, le rend insouciant des misères publiques, qui répand le luxe, nourrit l'orgueil; qui enfin, s'il rend utiles à l'Etat ceux qui l'exercent, et fait qu'ils le soutiennent, comme ils l'osent dire quelquefois, les rend souvent, en cela même, semblables aux financiers, qui le soutiennent, dit Montesqieu, comme la corde soutient le pendu ?...

» Envisagé philosophiquement et calculé sur le bonheur de l'espèce humaine, le commerce est le principe le plus fécond des vices qui la dégradent, des maladies qui l'affectent, des maux de toute espèce qui la corrompent et la détruisent.

» Aussi dans nos sociétés policées, l'intérêt, l'égoïsme, la fraude et l'envie sont-ils l'essence ou l'effet nécessaire de l'esprit de commerce, quelque concentré que ce commerce puisse être; tandis que ces mêmes vices, au plus haut dégré d'énergie, sont accompagnés de la barbarie la plus atroce dans presque toutes les spéculations, les actes ou les suites du commerce extérieur.

» En examinant l'influence terrible et continuelle de l'appat du gain, de l'avidité qu'il excite et nourrit, du dessèchement qu'il opère de tout sentiment généreux, de toute inclination bienfaisante; de l'intensité qu'il donne à l'intérêt, de l'isolement où il réduit celui qui s'y livre, des passions odieuses et actives qu'il développe ; on admire la sagesse des Républiques qui cherchant le maintien du bonheur et de la paix dans la conservation des mœurs, s'interdirent le commerce et se fermèrent aux marchands.

» On sent combien nos Etats formidables doivent être désolés par l'inégalité, la misère et le luxe, toujours voisins, toujours alliés, toujours résultans du commerce et de ses richesses empoisonnées ; mais l'étonnement et l'horreur succèdent et se portent au comble, si l'on jette un coup-d'œil sur les ravages et sur les abominations que les entreprises du commerce ont fait commettre, et dont les Européens se sont souillés dans les différentes parties de l'ancien et du nouveau monde.

» Depuis les affreuses conquêtes des Portugais, au quinzième siècle, jusqu'à la barbare oppression des Anglais de nos jours, depuis les rives du Sénégal, jusqu'à celles du Mississipi, en suivant les côtes de la brûlante Afrique, les royaumes maritimes de l'Asie, et les régions encore sauvages de 'lAmérique, tout a éte couvert de sang et de morts.

» On a tonné contre les Croisés dont l'a-l'aveugle fanatisme couta tant de millions d'hommes à l'Europe ; les maux, bien grands sans doute, qu'ils ont causés, peuvent-ils être comparés à ceux que, dans l'espace de trois siècles, la soif de l'or nous a fait répandre sur l'univers désolé ? Guerres atroces, séductions de tout genre, abominables trahisons, violences inouies, supplices cruels ; le fer et le poison, le meurtre et l'esclavage, pis encore que la mort, tout a été employé, suivi, répété avec la constance des Bourreaux et le sang-froid des Despotes. . . . Eh pourquoi ? . . . Pour l'établissement de quelques comptoirs, et l'échange de nos bagatelles ou de nos armes, contre de la poudre d'or, de l'ivoire et du poivre, pour du sucre et du tabac.

» Ne diroit-on pas qu'un incroyable délire a surpris tout-à-coup les Européens, et qu'ils se sont imaginés ne pouvoir plus vivre sans l'usage de certaines productions qui jusques là leur avoient été inconnues ! Mais non, ce n'est pas la passion de ces objets, c'est celle de s'enrichir par quelque moyen que ce soit ; c'est cette avidité qui caractérise le commerce, et dont la force ne peut se comparer à rien au monde, qui a porté les marchands à braver la colère des élémens, les dangers des mers inconnues, et les flèches empoisonnées des peuples au désespoir, pour tenter la mollesse de leurs compatriotes par des jouissances, qu'ils pussent leur faire payer un haut prix. Leur avarice a dénaturé jusqu'aux notions les plus simples qu'ils nous ont transmises des nations et des terres qu'ils avoient pu découvrir; ils ont nommé *féroce* le *jalot* ou autre négre courageux, qui détestant l'esclavage et méprisant la mort, s'efforçoit de les repousser, ils ont loué l'*Aza nag his* facile, ignorant et sobre, étonné de leur supériorité dans les armes, et subjugué par la terreur; ils ont été surpris de trouver dans la riche Mozambique et au Calicu des Maures commerçans, perfides et traîtres comme eux, n'épargnant rien pour anéantir d'aussi dignes concurrens.

» Mais depuis le *foulis* paisible, jusqu'au peuple ingénu qui dansoit devant la flotte de l'audacieux Gama; depuis le Péruvien magnifique jusqu'au *sauvage* Caraïbe, ils ont tout ravagé, tout détruit ou corrompu; et dans ces flots de sang humain qu'ils ont versés, dans cette ruine épouventable de nations entières, dans ce renversement des Empires et cette horrible boucherie de leurs frères, le plus grand mal qu'ils aient fait, est encore d'avoir répandu cet esprit de commerce qui ronge et dévore les peuples, parmi lesquels ils en ont jetté les semences.

» Depuis cette fatale époque, les guerres,

le meurtre, la perfidie tourmentent toutes les contrées où les Européens ont abordé ».

Il ne s'agit point d'examiner en ce moment ce qu'il y a de vrai ou de faux ou d'exagéré dans ce tableau effrayant fait par un des plus grands connoisseurs; il nous suffit d'en déduire une nouvelle preuve en faveur de l'opinion déjà émise sur le triste état des connoissances actuelles en économie politique. Le mal une fois bien constaté, il nous restera à en découvrir la cause et à nous occuper des remèdes qui peuvent en opérer la guérison

La cause radicale de cet état d'imperfection des sciences morales politiques, vient de ce qu'on n'a point encore vu qu'elles pouvoient devenir aussi réelles, aussi certaines que les sciences physiques; mais qu'il faudroit alors commencer par employer à leur création, à leur perfectionnement, la méthode employée avec tant de succès par les Physiciens, et bannir, par conséquent, de leur langue, les hypothèses, les systêmes, pour bâtir un nouvel édifice fondé sur la première source des connoissances humaines; c'est-à-dire, sur des observations bien faites et répétées avec soin. Faute d'avoir connu ou mis à profit cette grande vérité, on n'a pu, jusqu'à présent, réduire les notions d'Economie politique en un seul corps de doctrine, du moins dans aucun ouvrage qui nous soit connu.

Les principes du *Triomphe du nouveau monde* et du *point de ralliment*, ont bien l'avantage d'être plus lumineux, plus généraux, plus incontestables qu'aucun des autres dont nous avons fait mention. Mais malgré leur clarté, ces principes ne présentent point une thérorie aussi frappante que celle de nos dix classes de tous les peuples actuels. Ils sont plutôt des résultats de la science, que la science elle-même, démontrée dans ses premiers élémens. Or, ni des résultats, ni des détails plus ou moins étendus ne sauroient suffire aux besoins actuels des Nations. Ce sont les fondemens mêmes de l'Economie politique dans toute son étendue, qu'il faut asseoir en leur présence, et raffermir sous leurs regards attentifs. Il faut qu'elles voient le véritable édifice social s'élever sur des bases inébranlables, afin d'abord de contribuer chacune à sa décoration, à son perfectionnement, et d'y puiser ensuite, dans toutes les circonstances difficiles ou douteuses, des motifs d'assurance, des règles de conduite, des ressources, en un mot, analogues à leur position.

Je ne craindrai donc point d'entrer ici dans

de

de plus grands développemens sur les motifs de la nouvelle classification.

Si l'idée heureuse de commencer l'étude de l'histoire par les peuples actuels, m'a fourni le moyen de donner aux connoissances historiques la même base qu'aux sciences physiques, savoir, le secours de l'observation et des vérifications, la manière d'acquérir ces connoissances m'a conduit à son tour à une autre vue également féconde par ses résultats; c'est de considérer les peuples actuels par les élémens de leur état social. Ces élémens, pour n'être point arbitraires, ont dû être puisés dans l'état actuel des peuples répandus sur toute la surface de la terre; et il a fallu encore les distribuer dans un ordre qui ne fût pas plus arbitraire que leur nombre : double travail qui n'avoit jamais été fait. En conséquence, j'ai choisi, pour élémens de cet état social des différens peuples, les données les plus palpables, les mieux caractérisées, c'est-à-dire leurs moyens d'existance : par exemple, pour la première classe, la chasse, la pêche, les végétaux sans culture, et ainsi des autres, conformément au tableau des dix degrés de civilisation.

Or ces élémens une fois déterminés, comment s'y prendre pour les classer entr'eux, et où puiser des motifs de préférence pour en fixer les rangs ? devois-je recourir aux notions reçues sur la population, sur le bonheur, sur la liberté ou l'esclavage, sur la balance du commerce, sur le travail, sur les richesses des nations ?

C'eût été retomber dans l'inconvénient de toutes les idées arbitraires, qu'il s'agissait au contraire, d'éviter ; c'eût été s'arrêter au milieu d'une carrière heureuse, ne point recueillir le glorieux fruit des vues les plus fécondes, de la course la plus avancée, et échouer, pour ainsi dire, à l'entrée du port. Quel est donc l'astre bienfaisant qui nous a montré le but, et empêché d'errer de nouveau, au gré des vents éternellement variables de l'opinion ? La science la plus lumineuse, la plus certaine, la plus connue, la plus utile à l'homme, la science du calcul ; c'est elle qui nous a lancé le trait de lumière auquel nous devons notre dernier progrès dans cette pénible étude.

Ainsi nous avons compté les moyens d'existence de chaque peuple, conjointement avec les pas de civilisation de l'espèce humaine. Ce calcul terminé, nous avons rangé au premier dégré les peuples qui ne jouissoient, à quelques différences près, que des moyens de subsistance, offerts immédiatement par la nature à tous les êtres animés, savoir les trois élémens déjà indiqués.

En comptant les autres élémens, nous en avons distingué l'espèce, suivant les pas d'éloignement où ils se trouvoient de ce premier point fixe. Chaque pas d'éloignement ou élément de plus, a formé un nouveau degré de civilisation; et la réunion de ces degrés a formé une véritable progression arithmétique croissante, composée de dix termes, dont le premier terme est *trois*, et la différence est *un*; car il faut bien qu'on me permette d'emprunter un moment le langage des Mathématiciens. Or, quiconque se rappellera la certitude, la fécondité de toutes les conséquences qu'on tire des progressions arithmétiques, concevra sans peine que cette forme doit être aussi la source des plus précieux avantanges pour toutes les branches de l'économie politique. Mais quel cercle étonnant de vérités lumineuses vient ici frapper mes regards? La science du calcul est le puissant levier à l'aide duquel l'esprit humain s'est élancé dans les arts, pour y apprendre à parcourir la surface de laterre, et y découvrir des peuples jusques-là restés inconnus! La découverte de ces peuples a conduit à l'examen de leur état social! Cet examen a conduit à la distinction des élémens de ce même état social! Et cette distinction nous force aujourd'hui de recourir encore à la science du calcul, pour y puiser de quoi enrichir ces élémens eux-mêmes de la précision rigoureuse des Mathématiques ! Ah ! puisse donc notre progression politico-sociale produire désormais dans la science des organisations nationales, des effets aussi étendus, aussi fortunés que ceux que la progression naturelle des nombres a produits dans la science des grandeurs !

RÉPONSE A UNE OBJECTION.

Que si l'on rencontre quelques peuples du premier ou du deuxième degré de civilisation, qui aient en même-tems l'élément distinctif d'une classe éloignée, comme par exemple, de la sixième, c'est-à-dire, l'usage des métaux importés ; cette circonstance et autres semblables, loin de détruire la gradation d'idées établie dans notre série croissante, en deviendront au contraire une preuve accessoire ; car on reconnoîtra sans peine que la communication des peuples des premiers degrés, avec ceux dont ils auront emprunté un usage, sera la seule cause de ces sortes d'exceptions apparentes ; mais la théorie précédente en restera la même. Il sera toujours vrai que l'état social des premières classes sera plus rapproché de l'état naturel, que celui des classes suivantes, et que ce rapprochement ira en diminuant de classe en classe jusqu'à la dixième, dont l'état social se trouvera dans le plus grand éloignement de celui de la première.

Au reste, il nous est facile de donner un plus grand développement à cette preuve importante. Il suffit, pour cet effet, d'entrer dans quelques détails sur les caractères particuliers à chaque degré de civilisation, et de les considérer sur-tout comme acquérant de degré en degré un accroissement sensible, dont la nuance tranchante et indélébile ne permette ni de les confondre les uns avec les autres, ni d'en intervertir l'ordre, ni d'en augmenter ou d'en diminuer le nombre.

V.e POINT DE VUE.

Caractères distinctifs de chaque degré de civilisation, et de la Nouvelle science Elémentaire.

La chasse, la pêche, les végétaux sans culture forment, comme on l'a vu, les trois élémens du premier terme de la nouvelle progression, c'est-à-dire, que les peuples ne vivant à-peu-près que de chasse, de pêche, de végétaux sans culture, sont ceux qui se trouvent dans l'état social le plus rapproché de l'état naturel, et constituent par-là un premier degré de civilisation distinct de tous ceux dans lesquels il entre un plus grand nombre de données. Ce degré contient aussi les peuples dont l'état social n'en réunit point un plus grand nombre, parce que ces élémens ne sont, en derniere analyse, que des moyens de subsistance offerts par la nature indistinctement, pour ainsi-dire, à l'homme et aux animaux; mais du reste, les facultés morales et intellectuelles ne se manifestent absolument ni plus ni moins dans ce même degré, soit que les peuples y jouissent des trois moyens à-là-fois, ou de deux ou d'un seulement ; ce qui prouve que cette espèce d'état social n'est plus susceptible d'aucune véritable décomposition, et forme un premier degré déterminé par la nature.

Les peuples qui joignent à ces trois premiers moyens de subsistance l'usage des troupeaux, ont dans leur état social un élément de plus que dans le premier : ils sont dans un degré de civilisation moins simple, ils forment le deuxième terme de notre progression.

Le troisième terme est composé des peuples qui réunissent aux ressources des deux premiers, les produits d'une agriculture naissante.

Nous avons placé au quatrième terme, les peuples qui jouissent des moyens d'existence connus dans les trois premiers degrés, et qui ont su de plus établir des espèces de marchés ou rendez-vous communs, pour y échanger en nature, au gré de leurs besoins, leurs propriétés surabondantes. Qui pourroit douter que l'usage de ces marchés ne forme un élément de plus dans l'état social, puisque par leur moyen, le chasseur, par exemple, qui n'a que des pelleteries, parvient aisément à les échanger contre des fruits ou des grains, dont il faudroit souvent, sans cette invention, qu'il se passât ? Ces marchés sont comme la première donnée commerciale, produite par la perfectibilité humaine. — En songeant à la bonne-foi qui y préside à tous les échanges, on doit sur-tout signaler ce terme comme le modèle de toutes les inventions commerciales, qui seront graduellement appellées au secours de l'homme.

Aussi plaçons-nous dans le terme immédiatement suivant, les peuples qui ont imaginé de faciliter l'échange de leur superflu, par un moyen plus éloigné seulement d'un pas encore de l'état naturel, je veux dire, par le moyen d'une espèce de mesure commune ou de signe représentatif, fourni par les mains de la nature, et qui ont choisi pour cet effet, soit des coquillages d'une qualité et d'une forme déterminée, soit du tabac, du sel, du poisson seché, ou tout autre signe conventionnel. Cette nuance est précieuse à remarquer dans la marche de la civilisation, afin de donner une idée juste de la nature des signes fictifs des valeurs réelles, et pour empêcher que les signes, qui comme les métaux, ont une valeur intrinsèque, ne soient confondus avec les valeurs réelles et indispensables, dont ils ne sont néanmoins que la représentation.

Le sixième terme de notre progression

contient les peuples qui ont fait un pas de plus que les précédens, en apprenant à faire leurs échanges par le moyen de métaux importés parmi eux. Ces peuples doivent leur moyen d'échange au voisinage ou aux courses commerciales de peuples plus avancés qu'eux en civilisation. Il est évident que cet usage des métaux est plus rapproché de l'état naturel, et exige moins d'autres inventions que l'art de fondre et de travailler les métaux eux-mêmes. Aussi, qui doute que dans l'origine des sociétés, des métaux mis en fusion par la nature ou par hasard, n'aient été les premiers employés par l'homme, et ne lui aient ainsi appris eux-mêmes à s'aider de ce nouveau moyen? Cependant, dès qu'on en fait usage, on doit promptement en reconnoître l'utilité; et il est impossible de disconvenir qu'il ne reste alors plus qu'un pas à faire pour se livrer à leur exploitation.

De-là donc le septième terme de notre progression, contenant les peuples manufacturiers, sans être encore navigateurs.

Mais aussi conçoit-on que des peuples qui jouissent des richesses de l'agriculture, qui savent arracher les métaux des entrailles de la terre, et ont établi des mines, des ateliers ou manufactures au gré de leurs besoins, puissent rester long-tems sans apprendre à transporter par eau et les fruits de leurs récoltes abondantes, et les nombreux résultats de leurs fabrications diverses ? On conviendra donc que nous avons dû placer au huitième terme les peuples agriculteurs et manufacturiers, qui sauroient de plus employer la navigation intérieure et le cabotage pour le transport, soit de leurs denrées, de leurs produits industriels, soit des objets importés extraordinairement parmi eux.

Le neuvième terme présente le phénomène de pays immenses recevant périodiquement les denrées, les produits industriels des contrées les plus éloignées, les plus diverses, et de presque tous les climats, mais par le canal et sous la dépendance de Métropoles dominatrices, quoiqu'inférieures, la plupart, ou en territoire ou en population.

Le dixième embrasse les peuples qui savent eux-mêmes s'approprier, du plus au moins, les productions de tous les climats, et qui correspondent continuellement entre eux et avec les autres nations du monde connu, exerçant pour ainsi-dire une pression constante sur toute la surface du globe. Ce sont les peuples de ce dernier terme qui ont fait connoître et connoissent presque seuls la grande famille actuelle du genre humain, comme ce sont eux qui seuls peuvent établir entre tous les membres de cette immense famille, un système réel et permanent de fraternité universelle.

Nous n'imaginons pas qu'il soit possible ici de méconnoître la gradation d'idées, qui forme de cet exposé, un tableau de l'organisation sociale, déjà beaucoup plus instructif lui seul, que des ouvrages très-volumineux publiés sur la même matière.

Aussi pour juger jusqu'à quel point notre échelle sociale peut rester en parallèle avec une progression arithmétique, essayez de retrancher quelqu'un des dix degrés de civilisation, ou de les substituer les uns à la place des autres, et vous verrez aussitôt ou l'histoire des peuples actuels tronquée, ou l'ensemble de notre classification détruit; la gradation continuelle d'idées réduite à des notions isolées, le flambeau lumineux qui commençoit à éclairer toutes les branches de l'organisation sociale, remplacé par des lueurs trompeuses, et l'ancien cahos substitué à la clarté nouvelle résultante de la totalité de notre progression.

Il est donc bien démontré que cette progression décadaire doit être conservée en son entier, telle que nous l'avons présentée; et comment pourroit-il en être autrement, puisque c'est l'état actuel du genre humain, c'est-à-dire, la nature elle-même, qui dans sa riche simplicité nous en a donné l'idée, nous en a fourni les termes ?

Ne soyons donc pas surpris de la simplicité, de la fécondité étonnante qui caractérise notre manière d'envisager un objet, qui n'étoit resté en friche jusqu'à ce moment, que parce qu'il étoit censé incapable de rien produire, et jettons encore un coup-d'œuil sur les bases de la nouvelle science élémentaire.

Jusqu'ici nous sommes partis de l'état social le plus rapproché de l'état naturel, comme du premier terme de notre progression. Ce premier terme joint à la différence ou á de nouveaux élémens, nous a donné successivement toutes les nuances fondamentales de la civilisation des peuples. La dixième est celle à laquelle nous nous sommes arrêtés, parce que la matière dont il s'agissoit, s'est trouvée là épuisée, c'est-à-dire, les peuples actuels tous classés, et les degrés de civilisation parvenus à un dernier terme, celui de la communication universelle et des hommes et deschoses. Mais si la progression est réellement aussi complette qu'elle le paroît, envisageons-là un moment par son dernier terme : c'est le moyen de nous assurer de nos premiers résultats et de parvenir peut-être à de nouveaux.

En vertu des propriétés fondamentales des

progressions arithmétiques, le dernier terme contient le premier, plus la différence prise autant de fois qu'il y a de termes avant lui ; donc le terme en question contient les trois élémens du premier terme, plus la différence ou l'élément sur-ajouté à chacun des autres termes, d'où il suit qu'il contient les neuf termes qui le précèdent.

Ainsi les élémens de nos degrés de civilisation n'ont pas seulement été destinés à nous faire connoître les peuples les moins civilisés ; leur théorie fait partie essentielle de celle des peuples les plus avancés : quand nous disons leur théorie, nous entendons celle qui résultera de l'examen individuel de tous les peuples, fait conformément au mode prescrit dans le troisième point de vue, et non une théorie prétendue générale, c'est-à-dire, vague et si généralement absurde, telle que celle d'où l'on a déduit ou plutôt voulu déduire jusqu'ici des applications particulières ; comme s'il n'étoit pas démontré que nos idées générales ne sont dans leur origine que des idées individuelles ; comme s'il étoit permis de confondre ces idées générales avec les formules générales de l'algèbre, d'où l'on tire véritablement des solutions particulières à l'infini, mais formules auxquelles on n'est parvenu que par des idées également individuelles ; et comme si l'on pouvoit confondre les sciences formées de seules idées intellectuelles, dans l'étude desquelles on s'élève toujours, avec justesse, des idées individuelles aux idées générales ; comme si l'on pouvoit, dis-je, confondre ces sciences avec les sciences physiques et corporelles, dans l'étude desquelles il n'est jamais permis de conclure du particulier au général, parce qu'il n'y a dans la nature visible que des individus !

Il est inutile d'observer qu'en partant du dernier terme pour parcourir successivement les autres, jusqu'au premier, on verroit les élémens des termes intermédiaires diminuer à mesure dans chaque degré de civilisation. Mais une considération majeure, c'est que les neuf termes contenus dans le dixième, et embrassans avec celui-ci l'universalité des peuples de la terre, peuvent, d'un seul regard, être reconnus pour les vrais élémens de tout l'édifice social, sans qu'il soit presque possible de voir élever à ce sujet aucune difficulté.

En effet, les premier, deuxième, troisième et septième termes, c'est-à-dire, les élémens de l'état social des peuples chasseurs, pasteurs, agricoles et manufacturiers, formeront les quatre bases physiques de cet édifice.

Au-dessus on placera quatre bases commerciales, puisées dans les quatrième, cinquième, sixième et huitième termes, c'est-à-dire, les quatre principaux moyens de commerce auxquels se rapportent tous les autres, savoir :

1.° Les marchés et échanges en nature ;

2.° Les signes conventionnels des bases physiques, ou autrement dit, la représentation fictice des valeurs réelles, ce qui comprend tous les signes fictifs ou conventionnels représentans des valeurs réelles ou physiques ;

3.° Les valeurs intrinsèques choisies pour signes représentatifs des mêmes bases physiques, ou autrement dit, la représentation métallique des valeurs réelles ;

4.° Et les transports par eau.

Les bases physiques et commerciales seront surmontées par les deux derniers termes, c'est-à-dire, par les grands effets qu'elles ont produit, savoir, la participation plus ou moins générale aux productions de tous les climats, et la communication et pression universelle de quelques peuples sur la surface du globe.

On gravera au faîte de l'édifice, en caractères lisibles au loin, cette inscription : BUT FONDAMENTAL DE L'ÉTAT DE SOCIÉTÉ, LE BONHEUR DES HOMMES.

Si nous voulions continuer ici la description de ce monument auguste, nous représenterions successivement les diverses connoissances physiques et commerciales dont il se composera, comme des dépendances plus ou moins éloignées de leurs bases analogues, mais il nous suffit d'avoir montré les points fixes auxquels il faudra se rallier, pour éviter de s'égarer dans cette nouvelle espèce de voyage autour du monde. Puissent tous ceux qui l'entreprendront, en partant du pied de notre majestueux édifice, se rappeller sans cesse l'inscription qui en termine le sommet, et la prendre constamment pour leur unique boussole!

Toutefois ne leur laissons point faire route, sans leur signaler aussi quelques écueils qu'ils seront encore exposés à rencontrer. Ces écueils seront sur-tout à craindre, lorsqu'il s'agira de parler, à la face des Nations, de leur morale, de leur législation, de la différence de leurs usages et de leurs gouvernemens, des droits imprescriptibles des peuples, de l'histoire si souvent ténébreuse des tems antérieurs. Hâtons-nous donc de considérer en particulier ces importans points de vue, et puisons-y, s'il est possible, une nouvelle manière d'envisager la morale et les droits des Nations.

VI.e POINT DE VUE.

Relativement à la Morale et à la Législation.

On doit prévoir que dans l'histoire générale des peuples actuels, la Morale et la Législation ne tarderont pas à former chacune le commencement d'une science assez importante, pour mériter d'être traitées séparément et avec le plus grand soin. Il est de même évident que, loin d'être encore enveloppées dans des futilités ou dans des suppositions imaginaires, elles devront être étudiées successivement dans chacun des dix degrés de civilisation, de manière qu'on les voie naître des besoins des peuples, et croître, pour ainsi-dire, dans la même proportion; d'où il suit que l'histoire, vraie dépositaire des besoins de ces mêmes peuples, sera à la Morale et à la Législation, ce que l'histoire naturelle est à la Physique et à la Chymie, ce que le calcul et la Géométrie sont aux sciences physico-mathématiques, ce que la théorie des sensations, des signes et des idées est à la méthode des sciences ou arts de penser, de raisonner et d'écrire.

Mais quels seront donc les devoirs du Professeur, relativement à la Morale et à la Législation ? Et comment pourra-t-il remplir ces nouvelles vues, en se conformant d'ailleurs à la nouvelle méthode ?

D'abord il puisera, à l'école des peuples qualifiés jusqu'ici de sauvages, des bases inébranlables pour la science de la morale; bases que l'ignorance, l'entêtement les plus criminels oseront à peine révoquer en doute, tant il paroîtra constant que la nature, dans son immense fécondité, en a seule fait tous les frais. Car, des peuples à qui toutes nos inventions, tous nos usages, tous nos arts sont inconnus, et qui vivent uniquement de chasse, de pêche, de végétaux sans culture, presque à la manière d'une multitude d'animaux, de tels peuples ne sont-ils pas comme sortis tout récemment des mains de la nature? et peut-on méconnoître, dans leurs traits, l'œuvre de cette mère bienfaisante ?

Or quel est le rapport le plus unanime, le plus digne de créance sur tous ces peuples, pour ainsi-dire, naturels et formant notre première classe ? Ceux répandus sur les deux Continens, comme ceux dispersés dans les îles les plus isolées, ne sont-ils pas tous également réunis en famille, en peuplades, en sociétés plus ou moins nombreuses ? Ne connoissent-ils pas tous également et la tendresse maternelle, et la piété filiale, et les charmes de l'union conjugale, et les doux liens de l'amitié ?

Ainsi l'état de société et les vertus domestiques, ces deux grandes bases de la Morale, sont le premier présent fait par la nature à l'homme pour sa conservation et son bonheur. Aussi son organisation, sa sensibilité, sa faiblesse individuelle lui font-elles un besoin constant de ce double bienfait de la nature.

Si dans le quatrième degré de civilisation, les échanges en nature commencent à être simplifiés par l'invention de rendez-vous communs ou espèces de marchés, la bonne-foi la plus exemplaire devient aussitôt l'âme de tous ces échanges, et la nature prévoyante montre ainsi aux degrés suivans sur quelle basse devra porter le commerce ou échange des objets de toute espèce, qui seront successivement appellés à contribuer à la conservation, au bien-être de l'homme.

Ces bases primordiales établies, notre auteur continuera de rendre ses travaux précieux à la Morale, par son application à faire voir la nécessité et les avantages, ici de la modération des passions, et de l'instruction si impérieusement indispensable pour tous les besoins de la vie; là, de la justice ou équité envers autrui, pour en éprouver soi-même les effets ; ailleurs, du resserrement des besoins et du contentement de peu, tant pour le bonheur individuel que pour la conservation et la prospérité des Etats, en mettant un frein à cette cupidité exaltée, qui s'est emparée d'une si grande multitude de personnes, cupidité dont l'accroissement funeste creuseroit un tombeau aux mœurs républicaines et à la prospérité nationale, par la cherté successive de toutes choses, et par les vices désorganisateurs qui en sont une suite inséparable.

Aussi quelle mine féconde la manière de vivre des six premiers degrés de civilisation n'offrira-t-elle pas pour faire apprécier les vrais besoins de l'homme, et les faire distinguer des besoins superflus dont notre état social est surchargé ? Avec quelle satisfaction ne verra-t-on pas les familles de tous ces différens peuples, présentées comme heureuses au milieu de leur riche contentement de peu, par l'affection et le sentiment, l'union et l'amour des père et mère, fils et petits fils, frère et sœur, et de tous les parens qui les composent ! et comme des modèles vivans par leurs vertus exemplaires de famille à famille, de nation à nation, et sous tous les les autres rapports dignes de remarque ?

Relativement à la législation, le Professeur

aura soin de développer dans une juste étendue, toutes les lois et institutions tendantes plus ou moins directement, à conserver, à perfectionner l'homme et l'organisation sociale. Il passera sous silence celles capables de détériorer, de corrompre ; ou si la liaison, l'importance des matières l'obligent d'en citer quelqu'une, à raison de ses conséquences, il en démontrera la difformité, la vouant au mépris, à l'exécration de tous les siècles à venir.

La Morale proprement dite. envisagera plus particulièrement les mœurs dans leurs détails, les habitudes dans leur origine et dans leurs progrès, les diverses coutumes, lois et institutions relativement au règne des bonnes mœurs, soit qu'elles le favorisent ou le contrarient.

La Législation envisagera plus particulièrement tout ce qui tient aux lois et en porte le nom, soit concernant les corps politiques ou constitutions des Etats, soit concernant les propriétés de toute espèce, ou les conventions entre particuliers. Elle remontera à l'origine des relations entre père et fils, mari et femme, chef de famille et parenté. Elle développera tout ce que ces objets et autres analogues ont d'utile, se faisant par-tout un devoir de classer avec ordre les connoissances réelles.

relatives à chaque degré de civilisation, et d'écarter au loin l'effrayant cahos de toutes ces notions vagues, insignifiantes, indéterminées, variables, dans chaque pays, au gré de tous les faiseurs de lois, et en apparence, purement systématiques, alors même qu'il s'agit des vérités les plus essentielles à l'état social.

VII.e POINT DE VUE.

Sur la différence des usages et des Gouvernemens.

On sent qu'il ne s'agit point ici d'un ouvrage où l'on doive balancer les avantages et les inconvéniens de tous les usages et de tous les systêmes connus de législation. Ainsi les formes et les différences, soit de culte, soit de gouvernement, qui ne présenteront aucun point d'utilité réelle, seront laissées dans l'oubli. Le Professeur ne fera entrer dans son ensemble que les articles reconnus propres à contribuer, plus ou moins directement, ou à détruire des erreurs ou à propager des vérités. Cette réserve ne l'empêchera point de descendre dans tous les détails nécessaires pour caractériser l'état social de chaque peuple, et le représenter sous la physionomie qui lui est propre. Mais nous pensons que cet objet devra être rempli sans mettre en œuvre une foule de riens recherchés seulement par les faiseurs de contes, et indignes d'orner la mémoire d'un homme libre.

Souvent un usage indifférent aux yeux du vulgaire qui ne lit que pour retenir au hazard de quoi faire rire, deviendra pour le républicain éclairé un sujet inépuisable de méditation, dans lequel il découvrira tantôt le respect d'un peuple pour le courage et la bravoure, tantôt la reconnoissance des enfans pour les auteurs de leurs jours; ici la sublimité du lien qui unit deux époux; ailleurs la vénération des vivans pour les restes inanimés de tous les membres de leur famille.

Il est plus d'une coutume qualifiée de barbare, par des hommes esclaves des modes de leurs pays, qui paroîtra quelquefois aux yeux de la raison, beaucoup plus instructive, plus politique même, que l'étalage public de certains chefs-d'œuvre de sculpture totalement fabuleux et étrangers aux idées d'esprit public, que chez des peuples libres ces sortes d'expositions devroient toujours être propres à faire germer dans l'âme des citoyens.

Quant aux traits, circonstances et habitudes quelconques, dont personne ne pourroit tirer de conséqence utile sous aucun rapport, s'il en existoit de semblables dans le portrait d'un peuple, il faudroit les passer sous silence : car il s'agit, non de tout savoir, mais de ne savoir que des choses utiles, et de se rendre propre à en apprendre le plus grand nombre possible, dans toute la suite de la vie. Et à cet égard, quel plus beau, quel plus vaste champ pourroit s'offrir à l'imagination, aux méditations d'un peuple naissant à la liberté, que les élémens réels et universels de la science la plus essentielle pour lui, la science éminente des vrais ressorts de l'organisation sociale? En effet, est-il un repli dans les sinuosités de la politique, une vertu dans l'obscurité de l'indigence, un talent dans la fange du crime, une ressource dans les productions de la nature, que cette science ne puisse tourner au profit de l'homme? Est-il une passion utile qu'elle ne sache enflammer, une habitude vicieuse qu'elle ne soit capable de détruire, une vérité lumineuse qu'elle n'ait le pouvoir de faire briller, une erreur funeste qu'elle n'ait le moyen de faire disparoître?

Ne jugeons point de ce qu'elle va devenir par ce qu'elle a été jusqu'à ce moment. Le tems des illusions passe avec rapidité, aussitôt qu'elles sont reconnues pour telles. Le règne de la vérité est seul immuable. Réduisons donc les connoissances d'organisation sociale en une véritable science démontrée dans ses premiers élémens, et dès-lors son triomphe sera assuré. Les bons esprits, et il y en a encore, sauront s'en emparer, et elle ne tardera pas à produire les fruits de vie dont l'espèce humaine a besoin.

Le travail à faire sur le rapprochement des différentes formes de gouvernement, sera renvoyé vers l'époque où la Constitution Française pourra, s'il y a lieu, être perfectionnée, conformément au mode prescrit par un de ses articles. Cette attention sera également nécessaire chez tous les peuples libres; mais en attendant, leurs Ecrivains devront profiter de tous les abus qu'ils rencontreront chez les autres nations, pour faire chérir à leurs concitoyens leurs propres lois, et augmenter de plus en plus dans leur cœur, l'amour de la patrie. Et ici l'on trouvera peut-être une espèce d'obligation d'exécuter notre plan sous deux points de vue distincts, savoir, premièrement pour chaque peuple libre, et en second lieu pour l'universalité des peuples connus. Car s'il est évident que les Ecrivains Nationaux doivent travailler sans relâche à dessiller les yeux de leurs concitoyens respectifs, n'est-il pas digne encore des Philosophes Français, de parvenir en même-tems à une gloire plus élevée, en profitant de l'éclat radieux dont le nom français jouit au dehors, pour lancer comme au loin une espèce de corps lumineux, dont les rayons puissent en quelque sorte éclairer et réchauffer successivement les diverses parties du globe ? Et alors il faudra que l'ouvrage destiné en quelque sorte à tous les peuples, ne contienne rien qui soit capable de détruire son heureuse influence sur leurs idées, sur leurs préjugés, et qu'il puisse être lu dans tous les pays du monde, sans exciter les plaintes des parties intéressées; d'où il suit qu'on devra en bannir toute critique, toute réflexion amère contre des formes, des coutumes différentes. Cette réserve n'empêchera point qu'il ne produise un effet certain sur l'opinion publique de tous les pays où il sera introduit et rendu commun. Et comment pourroit-il au contraire atteindre ce but, s'il étoit rédigé alors de la même manière que pour les pays les plus libres et les plus éclairés ? Ne seroit-ce pas vouloir donner à des enfans à la mamelle, des mets que l'estomac d'un adulte robuste est à peine en état de digérer ? D'ailleurs, les hommes instruits peuvent-ils ne pas prévoir l'effet qui résultera de la simple et continuelle comparaison des mœurs de peuples différens ? Peuvent-ils ignorer que cette différence déposée une fois dans la mémoire, avec les caractères sur-tout dont elle sera empreinte dans notre plan, finira nécessairement par rapporter des fruits au centuple ? Jugez, par exemple, s'il sera possible de conserver long-tems de l'estime pour de minutieuses cérémonies, qu'on aura vues ignorées et inutiles chez des millions d'hommes, et chez les plus puissantes Nations de la terre (*) ?

(*) Est-il nécessaire d'observer combien il seroit facile aux Républiques naissantes, de prévenir des dragonades forcées, en établissant à-propos des cours d'Histoire des peuples actuels, professés dans l'esprit qu'on vient de voir; et combien un tel moyen seroit propre à miner, à détruire de fond-en-comble, sans effusion de sang, tous les vieux restes de préjugés politiques et superstitieux, et à asseoir presque furtivement, sur leur ruine, le règne auguste de la vérité et de la raison ?

VIII.e POINT DE VUE.

Concernant le Fanatisme et le Droit naturel.

CHACUN sait que par droit naturel, on entend le droit que tout homme en naissant reçoit des mains de la nature, droit commun et égal pour tous les individus de l'espèce humaine, comme pour tous les peuples de la terre, quelleque soit leur taille ou leur couleur, ou sous quelque climat qu'ils habitent.

Ainsi, il est d'abord évident que tous les peuples ont, non-seulement un égal droit à leur existence, de même que tous les individus, mais encore un égal droit à leur liberté, à leur indépendance, à leur souveraineté. Si quelque chose doit nous étonner à cet égard, c'est qu'on ait pu méconnoître leur droit à l'existence, c'est-à-dire, leur droit aux moyens d'existence, qui leur sont indispensables dans leur état social actuel. Cette erreur est d'autant plus étrange, qu'il eût suffi, pour la faire disparoître, de jetter un coup-d'œil sur les trois premiers degrés de civilisation.

En effet, les peuples DU PREMIER DEGRÉ

vivant, du plus au moins, de chasse, de pêche, de végétaux sans culture, et ayant, comme tous les autres, évidemment droit à leur existence, ont par-là même évidemment droit au territoire sur lequel ils trouvent leur seul moyen d'exister. Ce territoire leur appartient aussi légitimement que le territoire, par exemple, de la France appartient aux Français. Il est vrai que celui-ci est cultivé d'une manière qui le rend sans doute beaucoup plus productif. Mais parce que le premier produit moins, seroit-ce donc une raison d'en conclure qu'il n'appartient pas à ceux qui l'occupent, et vivent du peu qu'il produit ? D'ailleurs, ne voit-on pas que ces peuples vivent, non-seulement des fruits naturels de leur territoire, mais encore du gibier nourri, élevé ou atteint sur ce même territoire, et que cette raison forme un nouveau titre de propriété pour eux ?

Aussi lorsque Guillaume Pen voulut bâtir Philadelphie, il acheta le terrein des Naturels du pays. Et dernièrement les Etats-Unis ont envoyé une embassade aux Peuples Indiens, pour régler et fixer avec eux les limites de leurs territoires respectifs, afin de prévenir, sans doute, toute nouvelle guerre, en mettant des bornes et à l'esprit envahisseur des peuples soi-disant policés, et à des incursions de chasse ou autres produites par ignorance ou par vengeance, de la part des Peuples Indiens.

Ces faits notoires et conformes au droit naturel, nous paroissent dignes d'être proposés pour modèle à toutes les Nations, et nous ne concevons pas que des Ecrivains politiques puissent les ignorer ou les passer sous silence. Cependant on lit à la page 5 du discours sur la population, par Herrenschwand, ces paroles : « Les Européens qui se sont » établis sur le Continent de l'Amérique sep» tentrionale, originairement habité par des » peuples chasseurs, n'ont pas eu de peine à » faire fuir devant eux ces peuples, *et les* » *feront fuir plus loin encore*, à mesure » qu'ils étendront vers eux leurs frontières ».

Qui ne seroit rempli d'une juste indignation, en voyant traiter ainsi des peuples nés avec le même droit à leur vie que tous les autres peuples de la terre ? Est-il donc permis de parler aux Nations de leur intérêt mercantile, sans leur rappeller sans cesse leurs devoirs déduits du droit naturel ? Et concevroit-on la froideur glaciale renfermée dans le morceau que nous venons de citer, si l'on n'en avoit la preuve matérielle sous les yeux ? Heureusement pour les Indiens, les Etats-Unis ont préféré les lois de la justice, aux insinuations du discours sur la population, et ils n'ont pas déterminé les limites de leur territoire, pour les *faire fuir plus loin encore*, au gré de leurs caprices ou de leurs intérêts (*).

Aussi n'attendez pas que l'Auteur d'une pareille idée, indique aux peuples voisins des peuples chasseurs, des moyens de vivre en paix avec ces derniers, soit en achetant d'eux le territoire dont ils auroient besoin, soit en leur apprenant peu à peu à assurer leur subsistance par l'imitation des peuples pasteurs ou agricoles! il ne craindra pas de vous dire sèchement que « les peuples chas-

---

(*) Une résolution du 13 Juillet 1787, relative aux nouveaux Etats à former sur les frontières septentrionales de la République Américaine, s'étoit déja exprimée en ces termes, sur la question qui nous occupe : « On observera toujours, dit le Congrès, » Art. III, la bonne-foi la plus parfaite à l'égard des » Indiens. On ne leur prendra jamais leurs terres ni » leurs propriétés, sans leur consentement. Jamais » ils ne seront inquiétés ni troublés dans la possession » de leurs biens, droits et libertés, si ce n'est dans » des guerres justes et legitimes, autorisées par le » Congrès ; mais il sera fait successivement des » lois fondées en justice et en humanité, pour empêcher qu'il ne leur soit fait du tort, et pour conserver avec eux la paix et la bonne amitié ».

seurs

» seurs maintenus, comme les Animaux, » par le seul travail de la nature, paraissent » être incapables de sortir de leur barbarie » et de s'élever en rang par eux-mêmes, » page 12. »

Oh combien les instructions données à Laperouse, pour son voyage autour du monde, étoient fondées sur des principes différens! Voici la conduite qu'il lui étoit prescrit de tenir envers tous les peuples qu'il pourroit rencontrer dans des îles inconnues ou ailleurs.

» A son arrivée dans chaque pays, il s'occupera de se concilier l'amitié des principaux Chefs, tant par des marques de bienveillance, que par des présens : il s'assurera des ressources qu'il pourra trouver sur le lieu, pour fournir aux besoins de ses vaisseaux; il emploiera tous les moyens honnêtes pour former des liaisons avec les Naturels du pays.

» Il cherchera à connaître quelles sont les marchandises ou objets d'Europe, auxquels ils parroissent attacher le plus de prix, et il en composera un assortiment qui leur soit agréable, et qui puisse les inviter à faire des échanges....

» Il prescrira à tous les gens des équipages, de vivre en bonne intelligence avec les Naturels, de chercher à se concilier leur amitié par les bons procédés et les égards; et il leur défendra, sous les peines les plus rigoureuses, de jamais employer la force pour enlever aux habitans, ce que ceux-ci refuseroient de céder volontairement.

» Le sieur de Laperouse, dans toutes les occasions, en usera avec beaucoup de douceur et d'humanité envers les différens peuples qu'il visitera dans le cours de son voyage. Il s'occupera avec zèle et intérêt, de tous les moyens qui peuvent améliorer leur condition, en procurant à leur pays les légumes, les fruits et les arbres utiles d'Europe; en leur enseignant la manière de les semer et de les cultiver; en leur faisant connoître l'usage qu'ils doivent faire de ces présens dont l'objet est de multiplier sur leur sol, les productions nécessaires à des peuples qui tirent presque toute leur nourriture de la terre.

» Si des circonstances impérieuses, qu'il est de la prudence de prévoir dans une longue expédition, obligeoient jamais le sieur de Laperouse à faire usage de la supériorité de ses armes sur celles des peuples *sauvages*, pour se procurer, malgré leur opposition, les objets nécessaires à la vie, tels que des subsistances, du bois, de l'eau, il n'useroit de la force qu'avec la plus grande modération, et puniroit avec une extrême rigueur ceux de ses gens qui auroient outre-passé ses ordres. Dans tous les autres cas, s'il ne peut obtenir l'amitié des *sauvages*, par les bons traitemens, il cherchera à les contenir par la crainte et les menaces; mais il ne recourra aux armes, qu'à la dernière extrémité, seulement pour sa défense et dans les occasions où tout ménagement compromettroit décidément la sûreté des bâtimens, et la vie des Français, dont la conservation lui est confiée.»

L'Auteur de l'instruction terminait cette partie, en disant « qu'il regarderoit comme un des succès les plus heureux de l'expédition, qu'elle pût être terminée sans qu'il en eût coûté la vie à un seul homme. » (*Extrait des instructions insérées dans le T.* I.er, *p.* 50 *et* 55.)

Les peuples du DEUXIÈME DEGRÉ DE CIVILISATION, c'est-à-dire, ceux qui joignent aux ressources casuelles de la chasse et de la pêche, les ressources assurées des troupeaux, ont, comme les précédens, droit au territoire qu'ils habitent, quoique sans le cultiver. Mais ils ont de plus un droit particulier sur leurs bestiaux, droit qui est naturellement inconnu chez les peuples du premier degré. Aussi peut-on supposer avec raison, que cette ignorance a été plus d'une fois la cause de guerres cruelles entre ces deux espèces de peuples. Il seroit donc à desirer que les peuples du premier degré sussent qu'il y a des peuples qui ont soin d'élever, de conserver des troupeaux sur lesquels les travaux de cette éducation, de cette conservation, donnent par conséquent un droit exclusif de propriété, pareil à celui qu'ils ont eux-mêmes sur leur gibier ou sur leurs instrumens de chasse. S'il arrivoit alors que ces peuples rencontrassent des bestiaux réunis ensemble par les soins de peuples Pasteurs, leurs voisins, ils en concluroient que ces animaux ont déjà leurs propriétaires, et ne peuvent parconséquent être l'objet de leur chasse; et ils respecteroient cette propriété de leurs voisins, comme ils désirent qu'on respecte leurs arcs, leurs flèches, leur gibier et leurs autres propriétés, quelles qu'elles soient.

» Lorsque les Hollandais, dit Raynal, voulurent fonder au Cap de Bonne-Espérance un entrepôt pour leur commerce d'Europe avec l'Asie, le chirurgien Vanriebeck, que la compagnie chargea de cette entreprise, commença par s'emparer, avec sa colonie, de tout le territoire qu'il trouva à sa bien-séance, et il travailla ensuite à s'y affermir. Les Hottentots, peuples Pasteurs et Naturels du pays, envoyèrent un député dire à ces étrangers : « Pourquoi avez-vous semé

» nos terres ? Pourquoi les employez-vous à
» nourrir vos troupeaux ? De quel œil verriez-
» vous usurper ainsi vos champs ? Vous ne
» vous fortifiez, que pour réduire par degrés
» les Hottentots à l'esclavage. »

Ces représentations furent suivies de quelques hostilités qui ramenèrent le Fondateur à des principes de justice et d'humanité, plus conformes au caractère de son âme. Il acheta le pays qu'il vouloit occuper, 90,000 francs, qu'on paya en marchandises. Tout fut aussitôt pacifié, et l'on n'a vu depuis ce moment, aucun trouble ni aucun sujet de guerre entre les Hottentots et les Hollandais du Cap.

Lecteurs, qui voyez avec plaisir et les Hollandais réparer leur faute, et les Hottentots invoquer et suivre les maximes du droit naturel, en croirez-vous sur parole le Docteur Herrenschwand, lorsqu'il vous représentera les Peuples pasteurs comme « *moitié barbares* et *moitié policés* (ce sont ses propres termes ;) *formidables non-seulement aux nations civilisées qui les ont pour voisins, mais à toutes les nations ?* » Le croiriez-vous davantage, lorsqu'il vous dira : « chez ces peuples, un Chef se détache avec » des forces suffisantes, attaque et réduit en » servitude quelques nations civilisées, et

» laisse après lui, dans l'abondance, les
» peuples dont il s'est séparé. »

Ah! laissez, laissez cet Auteur errer dans ses maximes générales, déduites d'exemples particuliers, et lisons plutôt la suite du portrait des Hottentots, dans l'ouvrage de l'immortel Raynal.

» Ces peuples, continue notre Ecrivain, sont divisés en plusieurs *hordes*, dont chacune forme un village indépendant. Des cabanes couvertes de peaux, dans lesquelles on n'entre qu'en rampant, et qui sont distribuées sur une ligne circulaire, forment les habitations. Ces huttes ne servent guère qu'à serrer quelques denrées et les ustensiles de ménage. Hors le tems des pluies, l'Hottentot n'y entre jamais.

» La conduite des bestiaux est l'unique occupation de ces peuples. Comme il n'y a qu'un troupeau dans chaque bourgade, et qu'il est commun à tous, chacun à son tour est chargé de le garder.

» Les Hottentots n'ayant ni richesses ni signes de richesses, et leurs bœufs, leurs moutons, qui sont leur seul bien, étant en commun, il doit y avoir parmi eux peu de sujets de division. Aussi sont-ils unis entre eux par les liens d'une concorde inaltérable

A l'arrivée des Hollandais, ils avoient institué un ordre dont on honoroit ceux qui avoient vaincu quelqu'un des monstres destructeurs de leurs bergeries, et ils révéroient la mémoire de ces héros utiles aux hommes. »

L'Auteur cite un trait qui prouve combien la vie indépendante et oisive qu'ils mènent dans leurs déserts, a de charmes pour eux. Un d'entre eux fut pris au berceau; on l'éleva dans nos mœurs et dans notre croyance d'alors; ses progrès répondirent aux soins de son éducation. Il fut envoyé aux Indes, et utilement employé dans le commerce. Les circonstances l'ayant ramené dans sa patrie, il alla visiter ses parens dans leur cabane. La simplicité de ce qu'il voyoit, le frappa : il se couvrit d'une peau de brebis, et alla reporter au fort ses habits européens. « Je viens, dit-» il au Gouverneur, renoncer pour toujours » au genre de vie que vous m'aviez fait em-» brasser : ma résolution est de suivre jus-» qu'à la mort, la religion et les usages de » mes ancètres. Je garderai, pour l'amour » de vous, le collier et l'épée que vous m'avez » donnés. Trouvez bon que j'abandonne tout » le reste. » Il n'attendit point de réponse, et se dérobant par la fuite, on ne le revit jamais.

Le Cap de Bonne-Espérance, dont les

parages sont si orageux, termine la pointe la plus méridionale de l'Afrique. A huit miriamètres (seize lieues) de cette fameuse montagne, est une Péninsule formée au Nord, par la baie de la Table, et au Sud, par False-Baie. C'est à la première des deux baies, qui ne sont séparées que par une distance de dix-huit kilomètres (neuf mille toises), qu'abordent tous les bâtimens, durant la plus grande partie de l'année. Mais depuis le 20 Mai (1.er Prairial,) jusqu'au 20 Septembre (4.e jour complémentaire,) la rade est si dangéreuse, et l'on y a éprouvé de si grands malheurs, qu'il est défendu aux vaisseaux Hollandais d'y mouiller. Ils se rendent tous dans l'autre baie, où dans cette saison l'on n'a rien à craindre.

Ce sont les vignes qui couvrent principalement les campagnes voisines de la capitale. Les grains se cultivent à une plus grande distance, jusqu'à vingt ou vingt-cinq myriamètres (quarante ou cinquante lieues) du port. Mais dans un plus grand éloignement, les campagnes ne sont plus couvertes que de nombreux troupeaux; on les conduit deux ou trois fois l'an au Chef-lieu de la colonie, pour les y échanger contre des marchandises européennes. Le froment, le bled de Turquie, le ris, les pois, les féves et les haricots, sont les grains cultivés dans ce pays, et qui servent aux approvisionnemens des vaisseaux.

Les Hottentots qui étoient restés dans les limites des établissemens Hollandais périrent presque tous par une épidémie, en 1713. Les tribus plus puissantes se sont éloignées des frontières Hollandaises et se sont enfoncées dans les déserts.

Le TROISIÈME DEGRÉ DE CIVILISATION est, comme on sait, celui des peuples Chasseurs, Pasteurs, jouissant aussi des produits d'une agriculture naissante.

Le droit de propriété que ces peuples ont sur le territoire qu'ils cultivent, est en quelque sorte, d'une espèce supérieure au droit de propriété territoriale des peuples précédens. Car par leur culture, ces peuples acquièrent un droit, pour ainsi-dire permanent, à la récolte, qui n'eût point existé sans leur travail. Aussi les peuples des deux premiers degrés, peuvent-ils changer de territoire, sans se plaindre ou sans savoir qu'en leur absence, d'autres peuples en viennent recueillir les fruits naturels ou y faire paître leurs bestiaux. Au lieu que les peuples Cultivateurs impriment au territoire sur lequel ils travaillent, un droit qui existe en leur présence comme en leur absence. A son tour, ce droit fixe ces divers peuples sur le territoire cultivé.

Il leur ôte le besoin et presque la liberté d'errer, à la manière de plusieurs des peuples des deux premiers degrés ou des animaux robustes. Ce droit donne naissance au partage des terreins en portions particulières pour chaque famille. Le territoire cultivé par la réunion de plusieurs familles, forme une habitation, une espèce de Commune. Les habitations multipliées plus ou moins, forment un peuple que son sol distingue déjà des autres peuples plus ou moins voisins, plus ou moins nombreux. Mais si ces voisins sont des peuples des deux premiers degrés, ils ignoreront le droit de propriété, acquis par un travail d'agriculture qui leur est inconnu. Ils s'empareront donc des fruits provenant de culture, comme de fruits purement naturels, sans se douter qu'ils violent le droit de propriété.

Que doivent donc faire les peuples Agricoles, pour prévenir cet inconvénient ? Ils doivent, dans leurs traités de paix, distinguer leur territoire de celui de leurs voisins, par des limites bien déterminées, et faire connoître à ceux-ci le droit particulier que leurs soins, leurs travaux extraordinaires, leur culture territoriale leur donnent sur les récoltes à provenir et des terres qu'ils ont cultivées, et des arbres qu'ils ont plantés,

Observations et conséquences,

Relativement au droit de propriété en général.

Le détail dans lequel nous venons d'entrer, prouve jusqu'à l'évidence, que le droit de propriété est essentiellement fondé sur le travail, ce père nourricier de tous les hommes; car c'est par le travail, la peine, le courage, que les peuples des deux premiers degrés parviennent à atteindre le gibier qui les nourrit, comme à former la massue ou le javelot qu'ils emploient pour l'abattre ou le terrasser. C'est aussi par le travail que la terre est appellée à contribuer à la nourriture des peuples du troisième degré.

Cette base inébranlable et universelle du droit de propriété, dans les trois premières classes des différens peuples, est évidemment la même pour toutes les autres classes.

Ainsi dans le cinquième degré, le travail consistant à ramasser des coquillages, donne le droit de propriété sur les coquillages choisis pour y faciliter les échanges.

Dans le septième degré, le travail consistant à arracher des métaux des entrailles de la terre et à leur faire prendre une nouvelle forme quelconque, confère le droit de propriété sur ces produits industriels ; et ainsi de suite des degrés suivans, où la multiplication des travaux multiplie les genres de propriété dans la même proportion.

Il est inutile d'observer que le droit de propriété une fois établi, ceux qui l'ont acquis et en jouissent, ont évidemment le droit d'échanger le superflu de leurs propriétés d'une espèce, contre d'autres propriétés. Aussi voyons-nous les degrés successifs de civilisation augmenter les moyens d'échange à l'infini, et parvenir à tellement les faciliter, que les opérations commerciales les mieux entendues, paroissent n'avoir plus rien de commun avec les échanges en nature, dont elles ne sont néanmoins que des modes plus parfaits.

Parmi les propriétés créées par un travail plus ou moins assidu, plus ou moins pénible, et particulières aux derniers degrés de civilisation, il en est une, produit plus direct, plus immédiat de la pensée et de l'intelligence, qui semble destinée par sa nature à devenir un foyer d'activité et de lumière, aussi nécessaire au milieu de la multiplicité des travaux en tout genre, que nos réverbères des rues au milieu des grandes populations. Aussi cette propriété se ressent-elle encore de la frayeur qu'elle inspira dès sa naissance, à tous les Despotes accoutumés à exiger que leur volonté tienne lieu de raison. Ces fiers ennemis des lumières ont par-tout enchaîné la pensée de l'homme, et ne pouvant en faire rentrer dans le néant le fruit, illicite selon eux, ils sont parvenus à établir pour opinion dominante, que le pouvoir suprême pouvoit s'en emparer, en dépouiller les auteurs, tantôt de leur vivant, tantôt seulement à leur mort, et d'autres fois à un certain intervalle après leur mort. Les insensés ! ils n'ont pas prévu que le feu qu'ils vouloient concentrer, pour l'éteindre, finiroit par une explosion terrible ! tandis que s'ils eussent su le diriger, en favoriser le développement, il eût déjà avancé de plusieurs siècles les belles destinées à venir du genre humain ! Oui, sans doute, un jour viendra, et il n'est pas loin, où reconnoissant l'absurde distinction établie par l'autorité entre les propriétés littéraires et les autres, on ne fera de lois sur cette matière intéressante, que pour accélérer, pour assurer le plus grand développement de l'esprit humain, dans tous les genres de productions possibles et non nuisibles, assignant aux propriétés littéraires les mêmes droits que le travail acquiert à toutes les autres espèces de propriétés dont il est le créateur inépuisable !

Il est donc démontré que, depuis le premier degré de civilisation jusqu'au dernier, le travail est par-tout le puissant moyen donné à l'homme pour pourvoir à sa subsistance et à ses autres besoins. Le genre des travaux, varié à l'infini dans les derniers degrés de civilisation, est plus uniforme dans les premiers degrés; mais il n'y est pas moins indispensable. Il est par-tout le seul moyen indestructible, donné à l'homme par la nature pour la création de nouvelles propriétés ou de nouveaux produits sans cesse renaissans, comme ils sont sans cesse nécessaires à l'homme de tous les pays et de tous les climats.

Les usages, les lois sur les échanges, les successions, les partages, les donations, les ventes, les contrats, etc. ne sont que des conséquences de cette base primordiale du droit de propriété. Mais une conséquence dont nous ne pouvons nous dispenser de faire ici mention, c'est que dans tout Etat Social bien organisé, tout homme qui travaille ou est disposé à travailler, doit toujours y trouver un moyen de gaguer sa subsistance; et delà les devoirs rigoureux imposés à tous les hommes revêtus de l'autorité suprême, pour pourvoir aux besoins de la société et de ses membres. Heureuses les nations qui plaçant la liberté d'industrie et de travail, au rang qui lui appartient dans l'ordre des institutions sociales, sauront en même tems et multiplier tous les travaux relatifs à leur Etat Social, et en assurer le succès par le perfectionnement et la propagation des lumières analogues à chaque genre de travail, et en prévenir les inconvéniens par la juste proportion établie entre toutes les espèces de travaux accréditées, et calquer cette juste proportion sur des besoins réels et permanens, plutôt que sur des besoins superflus et passagers !

On a vu ailleurs combien la comparaison des mœurs, cultes et usages des peuples actuels, seroit propre à détruire tout attachement servile, tout dévouement fanatique aux mœurs, cultes et usages de son pays : l'on se souvient peut-être que c'est là même un des avantages si éminemment caractéristiques de notre plan, qu'il seroit impossible d'en jouir au même degré par toute autre manière d'envisager l'Histoire.

Or ne pouvons-nous pas maintenant, c'est-à-dire, à la faveur du Droit Naturel, donner à ce même avantage une nouvelle force qui en assure la jouissance complette aux nations libres, et prévienne chez-elle tout mauvais effet susceptible de résulter de la comparaison des différentes formes de Gouvernement ?

Il n'est sans doute aucun homme libre et éclairé, qui n'apperçoive d'abord une première réponse à cette question, dans la simple déclaration des Droits de l'homme et du citoyen.

Mais en outre il faudra que l'Auteur de l'Histoire Philosophique et Générale de l'espèce humaine, prenant un vol plus élevé, puise dans le Droit Naturel, des Déclarations de Droits analogues à toutes les différentes nuances de la civilisation actuelle, ou qu'il réduise les déclarations des droits des différens peuples à une seule déclaration propre à tous, qu'il appellera alors la Déclaration des droits du genre humain; car il est évident que la Déclaration des droits de l'homme et du citoyen, qui est en tête de notre Constitution, est trop étendue pour les peuples compris dans les premiers degrés de civilisation. Ils ne pourroient pas plus la concevoir dans tous ses articles, qu'il ne leur seroit possible de concevoir l'utilité d'une multitude de choses usuelles pour nous, et qu'ils n'ont jamais vues.

Mais aussi le droit naturel de l'homme, une fois bien conçu dans sa juste acception, le sort de l'espèce humaine en devient-il comme dirigé à jamais vers une amélioration sans cesse croissante et aussi indestructible dans sa marche irrétrograde, que les lois de la nature. Et voilà la perspective lointaine, dont

l'aspect

l'aspect devra sans cesse ranimer, soutenir, consoler l'Auteur de l'ouvrage qui nous occupe, lorsque certain de creuser là, à loisir et d'une main invisible, le tombeau de tous les fanatismes, il sera forcé, durant sa pénible carrière, de consentir à des trèves, toujours hors de propos pour le soldat justement impatient de se signaler dans une guerre à mort, mais souvent jugées indispensables par le Général en chef, qui connoît à-la-fois et les dispositions, les besoins de son armée, les ressources précises sur lesquelles, dans tous les cas, il peut compter de la part des siens, et la position, les moyens, les besoins, les vues de l'ennemi qu'il a à combattre, et les intentions plus ou moins secrètes de tous les pays neutres, intéressés, sous quelque rapport, à l'issue d'un combat décisif. (*)

Une autre considération majeure, qui devra ici diriger notre Auteur et les Professeurs, comme elle doit diriger tout Ecrivain philosophe, c'est que le plus grand moyen de

(*) Il est plus d'une Commune, dans les pays libres, où les Professeurs d'Histoire et de Législation s'appercevront aisément, qu'ils sont dans le cas de faire provisoirement usage de cette perspective lointaine, ainsi que des maximes qui terminent le septième point de vue.

bonheur pour les peuples, de même que pour les individus, consiste à maintenir une juste proportion entre leurs besoins et les moyens d'y satisfaire ; d'où il suit que, si vous donnez un nouveau besoin à un peuple, il faut lui donner ou savoir qu'il aura aussi le moyen d'y satisfaire ; sans quoi vous lui feriez un présent funeste.

Observons cependant que si dans les degrés de civilisation les plus avancés, les peuples se trouvent quelquefois plus malheureux que dans les premiers degrés, ce n'est pas précisément parce que la civilisation y est plus composée, ou parce qu'il y a plus de besoins réels que de moyens de les satisfaire, mais c'est parce que les hommes n'y sont point assez éclairés sur les moyens innombrables de pourvoir à leurs besoins. Il est vrai que ce sont précisément ces peuples qui connoissant déjà l'usage de l'écriture, ont par là-même de plus puissans moyens d'instruction que ceux des premiers degrés. Mais hélas ! les voies d'instruction ordinaire, n'ont été jusqu'ici, la plupart, que des lueurs trompeuses ou souvent même des causes d'erreur ! tant il est certain que tous les moyens de bonheur qui ne sont pas donnés directement par la nature, ne peuvent plus être que l'effet des plus sages institutions sociales, accompagnées d'un genre d'instruction et analogue aux besoins de chaque peuple, et rendue aussi universelle, aussi constante, que l'ignorance y est plus générale, plus naturelle, et que le besoin du bien-être y est par-tout constant !

Or ce sont là des chefs-d'œuvres très-difficiles à atteindre, puisqu'il faudroit pour cet effet, une organisation nationale si heureusement combinée dans toutes ses parties, que d'abord tous les rouages propres chacun à une destination particulière, n'eussent d'autres points de contact, que ceux nécessaires pour parvenir, de concert, au but fondamental de l'Etat de Société, le bonheur des individus, base de la vraie gloire nationale; et qu'en second lieu, tous les hommes appellés à suivre l'action de ces divers rouages, eussent d'une part les talens requis, et ne fussent d'ailleurs pas plus intéressés à la déranger ou à la suspendre, que le propriétaire d'une montre n'est intéressé à en détruire ou à en interrompre le jeu : ce qui suppose que chez cette nation, toutes les opinions, toutes les institutions, ces puissans et si redoutables leviers du monde moral, y seroient à jamais dirigées vers quelque point d'utilité publique, par des ressorts dont la réaction et l'influence auroient été prévues, jusques dans leurs effets les moins apparens et les plus éloignés.

Cette belle idée d'organisation nationale est comme le dernier terme auquel doit aboutir la Science Sociale, traitée conformément à notre méthode.

Mais du reste, en se conformant aux principes qui nous y ont conduits et qui en ont précédé l'exposition, le Professeur d'Economie Politique renverra aux compagnies savantes ou à des établissemens supérieurs, à en pousser l'application jusqu'à ces hauts périodes. Sa tâche seule, quelque bien remplie qu'elle puisse être, ne sauroit atteindre un but si parfait, résultat nécessaire du perfectionnement de plusieurs sciences à la fois.

Pour mettre le lecteur à portée d'apprécier cette distinction de notre part, et d'entrevoir les divers genres de connoissances, dont les progrès réunis devront concourir à la solution de notre problême social, nous placerons ici sous forme de questions, comme les divers faisceaux d'idées, dans le développement desquelles il appercevra la marche à tenir par l'esprit humain, pour préparer un si important résultat; nous en reférant d'ailleurs au septième point de vue pour le travail à faire sur le perfectionnement de la Constitution française.

Première question.

Peut-on déterminer avec certitude les diverses causes des erreurs de l'esprit humain ?

Deuxième question.

Y a-t-il des moyens de rectifier les idées erronées ? Si ces moyens existent, peuvent-ils être mis en usage, de façon à influer insensiblement sur toute la masse des idées erronées chez un grand peuple, et à y refaire, suivant l'expression de Bacon, l'esprit humain ?

Troisième question.

Y a-t-il des moyens de prévenir dans les jeunes gens l'acquisition des idées fausses ? Si ces moyens existent, peut-on les employer assez heureusement pour que la justesse d'esprit devienne à jamais, chez tous les peuples libres, le patrimoine inaliénable des générations naissantes et futures ?

Quatrième question.

S'il existe des moyens certains de prévenir les idées fausses et de rectifier les idées erronées, peut-on réduire ces moyens en une véritable science démontrée dans ses premiers élémens, et dont l'influence doive s'étendre de proche en proche chez les divers peuples où elle est rendue nécessaire par leur degré actuel de civilisation ?

Il nous reste à présenter en peu de mots, le rapprochement des principaux articles du droit naturel des Nations, tel qu'il résulte de leur dispersion, et situation actuelle sur toute la surface du globe. C'est ici sur-tout où il faudra que le travail du Professeur, et l'ouvrage indiqué au septième point de vue, respirent de toutes parts la touchante et loyale franchise, la douce et majestueuse philantropie, qui conviennent aux Ecrivains d'une République proclamée la libératrice des autres Nations.

Premier apperçu d'une déclaration des droits communs à toutes les Nations.

Art. I.er Les divers peuples répandus sur la surface de la terre, ont tous un égal droit à leur existence, à leurs propriétés territoriales et autres quelconques, à leur liberté ou indépendance et à leur souveraineté.

II. Ces peuples diffèrent entre eux par leur manière de se nourrir, de se couvrir, de se loger, de rendre hommage à la divinité, ect.;

mais ces différences et autres relatives à leur couleur, à leur taille, ect., n'empêchent point qu'ils ne soient tous des portions de l'espèce humaine, et qu'ils ne doivent conséquemment se traiter tous avec les égards dûs à la fraternité établie par la nature entre les différens membres de la même famillle.

III. Les individus de chaque peuple apportent tous en naissant un égal droit à leur existence, à leur liberté personnelle; mais de même que la liberté des peuples est restreinte par celle de leurs voisins et par les devoirs du droit naturel et du droit positif des nations, de même la liberté des individus est restreinte par celle des autres citoyens, et par les devoirs du droit naturel et du droit positif de chaque peuple; en sorte qu'il est vrai de dire que la liberté individuelle se réduit, dans le droit, à ne dépendre que de la loi, soit naturelle, soit écrite, c'est-à-dire, que de ses devoirs d'homme et de citoyen.

IV. Les pouvoirs suprêmes établis chez chaque peuple, et revêtus d'une autorité plus ou moins grande, ne sont nulle part créés pour l'avantage de celui ou de ceux qui en jouissent, mais bien pour le plus grand avantage de l'universalité des citoyens, soit que leur puissance concerne la conservation de l'indépendance et des propriétés nationales ou des propriétés individuelles ou des autres droits de l'homme.

Aussi un devoir universellement imposé à tous ces pouvoirs suprêmes, c'est de tellement user de leur autorité, que dans l'Etat Social où ils l'exercent, tous ceux qui y sont soumis aient la facilité de se livrer à des genres d'occupations, qui leur produisent de quoi subvenir à leurs besoins de première necessité, et jouir ainsi de leur droit naturel à l'existence.

Que s'il existoit un pouvoir suprême assez peu éclairé, pour négliger ce précieux soin prescrit par le droit naturel de tout individu à sa conservation, ce pouvoir imprévoyant donneroit, par cela seul, la liberté d'aller respirer dans une terre moins ennemie de ses habitans; et alors les autres Nations auroient le droit de recevoir et traiter avec hospitalité des frères obligés de s'expatrier ainsi, pour trouver de quoi vivre; et elles ne devroient avoir aucun égard aux réclamations qui pourroient leur être adressées par le pouvoir dont la négligence seroit cause qu'elles auroient reçu ces nouveaux citoyens.

V. Quoique tous les peuples aient un égal droit à leur liberté, à leur souveraineté, à leur existence, et à leurs propriétés de toute espèce, cependant comme leur manière d'exister établit entre eux une très-grande différence, ils se trouvent par là-même distingués les uns des autres, et distribués dans différentes classes dont chacune contient un degré de civilisation de plus; en sorte que la totalité de ces classes renferme et la totalité des peuples et la totalité des degrés de civilisation auxquels est parvenue, dans les différentes contrées du globe, la famille actuelle du genre humain.

(Voyez à ce sujet, le tableau des degrés de civilisation, renfermé dans le troisième point de vue, p. 12.)

VI. Les peuples de ces différentes classes doivent faire entre eux, nommément chacun avec ses voisins, des traités de paix propres à prévenir tout sujet de guerre, et à établir au contraire une communication fraternelle et constante, essentiellement avantageuse aux uns et aux autres.

VII. Comme les besoins des peuples sont différens dans chacune de ces classes, il est important pour leur bonheur commun, de déterminer dans leurs traités de paix, en quoi consistent les besoins de chaque peuple et ses droits et ses devoirs relativement aux peuples voisins, afin que l'ignorance de ces besoins, de ces droits et de ces devoirs n'entraîne point à la violation des droits, sur-tout de classes différentes, et ne fasse point commettre ainsi, quoiqu'à l'insu, de véritables actes d'hostilité, également contraires à l'intérêt des deux Nations.

Les peuples, par exemple, de la première classe devant naturellement ignorer les droits de leurs voisins de classes plus avancées, ceux-ci doivent, dans leurs traités de paix avec les premiers, avoir soin de leur expliquer ce que leur degré de civilisation renferme de plus, de même que les droits et les devoirs qui en résultent, faute de quoi leurs traités manqueroient toujours du plus puissant moyen de fraterniser avec les peuples de la première classe, lequel consiste à n'exiger d'eux que des choses possibles et faciles même à obtenir, en leur apprenant, par exemple, que les soins employés à conserver et à garder des bestiaux en forme de troupeaux, ont acquis un droit particulier de propriété sur ces animaux, qui dès-lors ne doivent plus faire partie des objets de leur chasse. 2.° Que les travaux de la culture ont pareillement acquis un droit exclusif de propriété sur les fruits et les récoltes à provenir des objets cultivés; et ainsi de suite des autres travaux donnant droit à de nouvelles propriétés.

VIII. Tous les peuples ont un droit particulier sur les Fleuves, Lacs, Rivieres qui traversent leur territoire, et sur la portion des Lacs et Mers qui baignent leurs frontières; mais il est évident que la Mer, dans l'immensité des eaux qui n'avoisinent aucun territoire national, est une propriété commune à tous les peuples, un moyen universel de communication, une voie publique, dont un seul peuple ne pourrait conséquemment chercher à s'emparer, sans se mettre, par celà-même, en guerre avec tout le reste du genre humain; quant aux portions de Mer qui avoisinent une nation, la sûreté de celle-ci lui permet alors de ne laisser naviguer dans cette partie de la mer, que des peuples dont elle n'a rien à craindre, ou avec lesquels elle a contracté des alliances, et fait des traités de paix, de commerce et de fraternité. (*)

(*) Le systême de la liberté des mers, nous semble exiger qu'à la paix générale, les fortifications de Gibraltar soient totalement rasées, et que le Cap de Bonne-Espérance devienne un port libre, ouvert à toutes les nations, sous la stipulation expresse que le peuple qui oseroit enfreindre cet article du traité, se constitueroit par cela seul, en guerre avec toutes les parties contractantes, et avec toutes les puissances maritimes de l'univers. Nous ne proposons point d'étendre cette franchise à l'entrée de la mer Baltique, comme l'ont desiré quelques Publicistes, parce que les droits perçus à Elzeneur ou Helsingord, sur tous les

IX. S'il existoit un peuple qui osât exclure de ses ports tous les vaisseaux non-nationaux, tandis quil fréquenteroit lui-même les ports

---

vaisseaux qui entrent et qui sortent, ont été établis par un motif d'utilité réelle, en faveur de ces mêmes vaisseaux. En effet l'origine de ces droits remonte jusqu'à une convention qui fut faite entre les premiers navigateurs commerçans, qui franchirent le passage du Sund, et entre les rois de Danemack. Par cette convention, ces derniers se chargèrent de faire placer dans le Categat des fanaux et d'autres marques suffisantes pour servir de guide aux navires, et les préserver de malheur, moyennant une redevance que les navigateurs s'obligèrent de payer pour chaque navire.

En 1645, dit le dictionnaire de commerce, il fut conclu entre le Danemack et les Etats Généraux des provinces-unies un traité, auquel fut joint un tarif des droits que devoient payer les navires et leurs cargaisons à leur passage par le Sund, tant en entrant qu'en sortant. Ce traité et ce tarif, qui ont été confirmés en 1701, ont servi de modèle à ceux qui ont été faits depuis par les Français et par les Anglais; ce tarif est le seul en usage aujourd'hui dans la Douane du Sund, pour les navires et les marchandises de toutes les nations, à quelque petite différence près.

Le titre de nation favorisée, donne à celle qui en est decorée, un très-faible avantage sur celles qui ne le sont pas. Celles-ci paient pour le droit des marchandises, dont le nom ne se trouve point sur le tarif, *un et un quart* pour cent, aulieu que les nations favorisées paient seulement *un* pour cent. On compte au nombre de toutes les mers, ce peuple égoïste devroit être exclu à son tour des ports de toutes les Nations, et être signalé comme leur ennemi

---

de ces dernières, les Français, les Anglais, les Hollandais, les Suédois, les Espagnols, les Portuguais, les Napolitains, et la ville de Hambourg.

Il passe tous les ans, par le détroit du Sund, environ 4000 vaisseaux de presque toutes les Nations, qui vont dans la Mer Baltique et en reviennent. Il y en a qui paient depuis 100 jusqu'à 1000 ryksdales d'espèce, mais très-peu de ces derniers. Il y en a aussi qui ne paient que 10, 20, 40, 60 ou 80 et quelques ryksdales, suivant la nature de leurs chargemens. Il résulte donc, d'après la combinaison la plus exacte qu'on ait pu faire, que chaque navire, l'un portant l'autre, paie pour les droits de ses chargemens, en allant et en revenant, 100 ryksdales d'espèce, ce qui fait un revenu d'environ 400,000 ryksdales. Le roi de Danemarck reçoit en outre de chaque navire, 4 ryksdales d'espèce, s'il est chargé, et 2 s'il ne l'est pas, lorsqu'il est destiné pour la Mer Baltique, et autant à son retour, ce qui fait environ 24,000 ryksdales. Toutes ces sommes sont payées à titre de contribution pour subvenir aux frais et dépenses de l'entretien des feux, bouées et autres signaux maritimes qui sont nécessaires dans le Categat et au détroit du Sund, pour servir en tout tems de direction aux navires, et les y préserver de malheur, autant qu'il est possible. (Voyez le tableau des droits et usages de commerce, relatifs au passage du Sund, publié en 1776, à Copenhague, par Demarien.)

commun, jusqu'à l'époque où ramené aux principes du droit naturel et de la réciprocité, il auroit reconnu ses erreurs, et avoué solemnellement sa soumission au droit imprescriptible de toutes les nations répandues sur la surface de la terre.

X.e *et dernier article.* Les hommes de tous les pays, de tous les climats, de toutes les couleurs, étant également membres de l'espèce humaine, c'est un devoir pour les gouvernans de tous les peuples, d'établir en principe et en pratique, que tout homme ou naufragé sur leurs côtes ou battu au loin de la tempête ou arrivé par terre, mais manquant de tout, trouvera provisoirement chez tous les peuples un asile assuré, et recevra sans retard tous les moyens de pourvoir à ses besoins d'une manière proportionnée au degré de civilisation de chaque peuple, sauf à se conformer ensuite à ce que l'intérêt national ou la sûreté publique pourroient exiger dans ces sortes d'occasions.

OBSERVATION.

Persuadés qu'une Déclaration des droits du genre humain, rédigée dans l'esprit qu'on vient de voir, et appuyée sur l'ouvrage dont nous traçons ici les principaux linéamens, seroit néanmoins facile à compléter d'après les points de vue proposés, nous désirerions que ce travail précieux fût assez perfectionné pour devenir la base de la confédération dont nous ne tarderons pas sans doute à être les témoins. Et alors, c'est-à-dire, si ce précieux ouvrage existoit, pourquoi la République Française n'auroit-elle pas la gloire d'imposer la première à ses Navigateurs et Voyageurs de long cours, l'obligation de connoître et professer hautement une Déclaration des droits, dans laquelle les peuples, même les plus lointains, liroient l'expression de leurs sentimens naturels, et retrouveroient une preuve authentique pour eux, que l'Ere Française est réellement devenue, par les grandes choses que cette République n'a cessé de faire depuis son existence, l'Ere de la régénération du Corps Social ?

IX.e POINT DE VUE

Relatif à l'Histoire des tems antérieurs.

QUAND on aura acquis une idée juste de l'Etat Social des différens peuples, considérés suivant les principes établis ou indiqués dans cet essai, et qu'on aura ainsi présentes à l'esprit toutes les nuances de civilisation qui caractérisent la famille actuelle du genre humain, quelle facilité n'aura-t-on pas alors pour concevoir les premiers commencemens des Nations anciennes et modernes, pour y voir l'Etat Social se former par degrés et parvenir, plus ou moins promptement, à un dernier terme d'élévation ou de décadence ?

C'est donc à cette époque qu'on pourra faire route sur l'Océan des incertitudes historiques, sans craindre les écueils : les connoissances acquises serviront de boussole pour en acquérir d'autres ; et chacun saura éviter alors d'étudier ce qui est incertain ou indifférent à l'amélioration du sort de ses semblables.

L'historien ou Professeur dont nous esquissons

quissons l'ouvrage, ne s'élancera donc point au hazard dans les siècles écoulés. Continuant d'envisager son sujet sous les rapports les plus philosophiques, il mesurera, d'un coup-d'œil, les objets qui doivent être développés dans leurs commencemens, leurs progrès, leur décadence, et ceux qui doivent à peine être efleurés; les efforts des peuples pour conquérir ou conserver leur liberté, et la triste Chronologie des pays asservis.

Il laissera entraîner par le fleuve de l'oubli, les généalogies, les dates, les faits inutiles, mais il réunira ses forces pour recueillir avec soin les actes éclatans d'humanité, de dévouement patriotique, de clémence, de grandeur d'âme, tous les différens traits de vertu éminente, qui ont mérité d'immortaliser leurs Auteurs.

Il s'attachera principalement à distinguer, parmi les anciennes révolutions des Empires, les événemens intéressans à connoître sous les divers rapports de la souveraineté du peuple, de la morale, de la législation, des droits de l'homme, de ses moyens de subsistance ou de bonheur.

Il donnera une idée juste de l'état de l'Agriculture, des Sciences, du Commerce, des Arts de chaque peuple, soit au moment actuel, soit au moment de sa splendeur, en remontant à des époques plus ou moins reculées, toutes les fois que ce récit offrira des traits de reconnoissance nationale ou autres utiles sous quelque rapport; mais il s'abstiendra de tout récit fabuleux et indifférent aux progrès de la raison. (*)

(*) Si l'intérêt des beaux Arts veut que le cours d'histoire se prolonge dans l'antiquité jusqu'aux tems fabuleux, l'intérêt de la raison nous paroît exiger que ce soit seulement pour expliquer les diverses mythologies, d'après le savant sytême de Court-de-Gebelin; car l'explication absurde que donnent nos ouvrages ordinaires de toutes les allégories de l'antiquité, est peut-être l'une des cent causes diverses de la futilité d'esprit et du peu de solidité qu'on nous a reprochés si long-tems, et qui doivent enfin totalement disparoître devant le nouvel ordre de choses, si l'on veut donner à celui-ci deux bases solides et inébranlables, L'UTILE ET LE VERTUEUX. Si quelqu'un m'objectoit que les idées du monde primitif ne sont que de beaux rêves, je lui répondrois: « Supposé qu'il en soit ainsi, fables pour fables, puisqu'il vous en faut, pouvez-vous ne pas donner la préférence à celles qui vous offrent des idées utiles, des images consolantes, des souvenirs honorables pour l'entendement humain, et les substituer à un vieux fatras d'extravagances, où le juste et l'injuste, le sensé et l'absurde, l'utile et le vicieux, le bon et le mauvais se trouvent perpétuellement confondus, et ne présentent par-tout que des imaginations en délire, et tous les élémens de l'Etat Social dans le plus affreux cahos?

Les honneurs rendus aux Auteurs d'inventions précieuses, de procédés avantageux, de sciences nouvelles, trouveront une place distinguée dans le travail dont il s'agit. L'Auteur se fera un devoir de remarquer plus particulièrement les Arts bons à introduire chez sa nation; et il expliquera en détail toutes les espèces de découvertes ou conceptions nouvelles, dont la réunion apprendra les progrès de l'esprit humain dans les civilisations plus ou moins avancées.

Faut-il observer que dans cette histoire générale et philosophique de l'espèce humaine, tous les événemens seront rapportés à l'Ere Française comme à un centre commun, d'où les uns s'éloigneront dans le passé et les autres dans l'avenir ?

Demandons plutôt s'il est dans les Annales du genre humain, une révolution plus digne d'y occuper le premier rang, que celle qui à su, tout à la fois, engloutir les superfétations anti-Sociales nées du laps des siècles, et présenter un nouvel avenir, abattre la superstition, renverser la tyrannie, extirper les distinctions héréditaires, et promulguer les droits de l'homme.

Que toutes les Eres connues cèdent donc la place à l'Ere immortelle de ce peuple intrépide, qui non content de résister aux forces militaires de l'Europe entière coalisée contre lui, a su déjouer dans son sein tous les complots, terrasser toutes les factions, prévenir l'effet des conspirations les plus multipliées! triompher sur terre de ses ennemis intérieurs et extérieurs, comme il saura délivrer les mers du joug oppresseur d'une horde de pyrates! qui toujours magnanime, au faîte de la victoire, comme dans la chaleur de la mêlée, ne s'est pas borné à conquérir sa liberté, au prix d'une multitude de privations pénibles, de sacrifices douloureux, à travers des torrens de sang; mais a voulu partager le superbe fruit de tant de triomphes avec des peuples nombreux et puissans, afin d'établir ainsi entre les Nations un commencement de paix inaltérable, de fraternité universelle!

Oh! combien de beaux traits célèbres dans l'antiquité, vont toujours devenir à peine remarquables, à côté de cette longue suite d'exploits étonnans, d'actes héroïques, d'actions sublimes, qui ont illustré à jamais les innombrables campagnes de la guerre de la liberté! Et où est l'Ecrivain digne de transmettre son travail à la postérité éclairée, qui en s'occupant désormais de l'Histoire, n'aimera pas à glisser légèrement sur les siècles passés, pour donner de préférence ses veilles, tous ses momens les plus chers, au doux plaisir de peindre des événemens consacrés à honorer l'espèce humaine, comme à en améliorer sans doute les destinées?

X.e POINT DE VUE

Sur la Langue de l'Organisation Sociale.

Avoir prouvé que la Sience Sociale étoit à créer, c'est avoir démontré que sa langue étoit à refaire. C'est là une vérité si évidente, qu'elle mériterait à peine d'être remarquée, si nous ne devions observer en même tems les facilités que notre Echelle Sociale fournira, pour remonter au sens primitif des mots, et se former une idée juste de la véritable acception de chaque terme usité parmi nous. Car c'est à notre Etat Social actuel, que devra être ramenée chaque portion de la langue à refaire, ainsi que chaque principe de la Science Sociale. Mais cela ne dispensera point de passer par les nuances de civilisation, qui feront mieux ressortir les acceptions successivement différentes de chaque mot, et en justifieront l'usage. Pour rendre ma pensée plus sensible par un exemple, je choisis les mots *Constitution Nationale*, et j'entre en matière.

S'il est un moyen de fixer le vrai sens du mot *Constitution*, c'est de chercher sa première acception dans l'ordre physique, afin de passer de là au sens figuré qu'il a eu par suite. Or tout nous atteste que ce mot a été employé primordialement au sujet de l'homme, pour désigner, comme il le désigne encore aujourd'hui, l'ensemble des parties de son corps. On n'a pu l'employer à exprimer un autre sens, qu'à l'époque où l'on a eu besoin de désigner l'ensemble des parties d'un nouveau corps. Ainsi lorsque les peuples les plus civilisés s'apperçurent, en considérant les familles, les peuplades réunies en une seule nation, qu'elles formoient une espèce de tout, un corps politique, ils durent chercher un mot qui désignât l'ensemble des parties de ce nouveau corps; et le mot *Constitution* dut être employé de préférence à tout autre.

Qui croiroit qu'une pratique aussi innocente en elle-même, et universelle pour une infinité de mots, ait été de quelque conséquence pour le sort de l'espèce humaine? c'est cependant ce qui est arrivé. L'homme est naturellement porté à comparer les objets qui ont entre eux de la ressemblance, et qui se présentent à ses yeux. Cette comparaison exerce agréablement son esprit; elle lui fait découvrir des rapports qu'il ignoroit; elle l'instruit en l'amusant. Ce n'est pas seulement sur les objets physiques que l'homme se plaît à exercer ses jugemens; les mots qu'il a dans la mémoire occupent aussi l'activité de son âme, sur-tout lorsqu'ils ont entre eux quelque ressemblance, et c'est l'effet qu'a produit le mot *Constitution.*

Parce qu'il désignoit toutes les parties d'un corps politique, appellé Nation, de même que toutes les parties du corps humain, on en a conclu que ces deux corps se ressembloient parfaitement, et aussitôt l'imagination s'est plue à créer des rapports de ressemblance, à les multiplier sans fin; bientôt il ne lui a plus été possible de douter seulement que le corps humain, et le corps politique appellé Nation, n'eussent chacun une même destinée. Les Nations ont eu, comme le corps humain, l'âge de l'enfance, celui de la virilité, celui de la vigueur, celui de la décrépitude; comme lui, elles ont eu toutes une fin. Et peu s'en est fallu qu'on n'ait dressé, sur la durée des Empires, des tables de mortalité, comme on en a dressé sur la probabilité de la vie des hommes. Ce qu'il y a d'étonnant, c'est que des Ecrivains modernes, qui ne pouvoient pas ignorer que plusieurs Nations existent depuis dix, douze ou treize siècles, d'autres depuis deux, quatre ou six mille ans, n'aient pas ouvert les yeux sur la fausseté d'une ressemblance, qui n'avoit d'ailleurs et ne pouvoit avoir aucun fondement dans la nature des choses.

En effet l'homme naît, grandit, parvient à son degré de maturité, reste stationnaire plus ou moins de tems, commence à décliner, vieillit, tombe en décrépitude et meurt, parce que telle est la destinée universelle des êtres animés. La carrière qu'ils parcourent n'est pas également longue pour les uns et pour les autres, ni même pour les individus de la même espèce. Mais dans tous, cette carrière est soumise à des limites qui sont à-peu-près connues; et s'il est quelquefois permis d'arriver au terme un instant plus tard, des raisons physiques que tout le monde connoît, empêchent que nul ne reste en arrière. Il faut que les êtres animés périssent, comme pour céder la place à ceux qui naissent; il faut que les parties de leur corps rentrent dans la confusion des élémens, pour être élaborées de nouveau, et remplir les vues de l'Eternel Géomètre, lorsqu'il a établi la reproduction des espèces.

Les parties qui composent la constitution d'une Nation, peuvent dans leur espèce être aussi incapables d'une longue durée que le corps du cacochyme le plus complet; mais il ne s'en suit pas pour cela que ces parties soient de la même espèce que celles du corps humain. Ce ne sont pas des êtres physiques ni des parties d'un être animé ; ce sont des lois, des institutions, des méthodes de faire remplir les fonctions publiques, des manières de pourvoir aux besoins ordinaires et imprévus d'une Nation.

C'est donc pour n'avoir pas examiné des objets infiniment faciles à distinguer, que les hommes, que des Ecrivains célèbres, ont jugé de la durée des Nations, comme de la vie des individus.

Cette funeste illusion leur a fait conclure que la durée des Empires étoit nécessairement bornée ; qu'il étoit inutile de chercher à la rendre illimitée, qu'il étoit impossible de perfectionner et de rendre stables les formes de Gouvernement ; et delà le peu de recherches qui ont été faites, jusques dans ces derniers tems, sur la manière de perfectionner l'organisation des corps nationaux. Comment se seroit-on livré à ce travail, tandis qu'on se croyoit condamné à n'avoir qu'à choisir entre divers maux, qu'à souffrir sous des Constitutions dont le délabrement étoit tout à la fois prompt et inévitable ?

Par les mots *Constitution nationale* il faut donc entendre l'ensemble des lois et institutions d'une Nation, de ses moyens de pourvoir aux besoins, soit ordinaires, soit accidentels, et de faire remplir toutes les fonctions publiques. Cette expression comprend dans son étendue, l'ensemble des parties du corps politique national, de même que le mot *constitution*, employé au sujet d'un homme, désigne l'ensemble des parties de son corps individuel.

Mais, nous demandera-t-on peut-être, puisque l'ensemble des parties d'un corps humain individuel forme toujours une constitution, en est-il de même de l'ensemble des parties d'un corps politique national ?

C'est au sens primitif du mot constitution à nous fournir ici une réponse. Si ces parties diverses ne forment pas un seul tout, un vrai corps, dès-lors elles ne formeront pas ce qu'il faut entendre par le mot constitution; elles ne désigneront point les mêmes idées que ce mot. Car, dans son sens primitif, il a désigné l'ensemble des parties du corps humain, et il n'a été ensuite employé à un autre usage, qu'à raison du besoin qu'on avoit d'exprimer l'ensemble des parties d'un corps politique national. Et voilà pourquoi aussi ce même mot a servi à désigner l'ensemble des parties qui forment d'une aggrégation quelconque une espèce de corps. Aussi un corps qui n'a pas de constitution ne mérite pas le nom de corps, il n'est alors qu'une association d'hommes, une compagnie, etc.

L'unité est donc nécessaire dans l'ensemble des parties d'une Constitution Nationale, comme elle l'est dans l'ensemble des parties du corps humain, dans l'ensemble des parties d'un tableau, d'un poëme, d'une pièce de théâtre. Si vous l'en ôtez, il n'y a plus, à proprement parler, de Constitution. Otez l'unité d'un tableau, il ne méritera plus ce nom : ce sera une simple aggrégation de figures, de beaux morceaux même, si vous voulez.

Mais cette unité précieuse dans le système des lois et institutions, ne doit point être confondue avec l'unité de Conducteur d'une Nation; ce seroit confondre un mécanisme admirable, chef-d'œuvre des plus habiles Artistes, avec le moyen externe employé à le faire mouvoir; ce seroit confondre les vieux Gouvernemens d'un seul ou d'un petit nombre d'individus intéressés à empêcher toute amélioration avantageuse au grand nombre, avec des Gouvernemens représentatifs, qui sont par leur essence, la propriété des gouvernés comme des gouvernans, tous également intéressés à les soutenir et à les rendre de plus en plus favorables à l'universalité des citoyens. Cette autre erreur des détracteurs des Républiques naissantes n'a besoin, comme on voit, que d'être remarquée en passant, pour se trouver pulvérisée de fond-en-comble. Il ne faudroit pas néanmoins conclure de cette réfutation provisoire, que les peuples des premiers degrés de civilisation qui vivent sans connoître des divisions de pouvoirs bien constantes, n'aient pas pour cela une véritable constitution; car puisque ces peuples forment de vrais corps politiques existant depuis des siècles, il s'en suit par cela seul, qu'ils ont été doués d'une constitution véritable; et il est arrivé alors que faute d'unité dans un systême de lois et institutions inconnues, le corps politique a trouvé unité de force dans l'autorité du Chef. Mais aussi à mesure que les peuples, s'éloignant de ce premier point, se sont trouvés dans des siècles réputés plus savans, parce qu'ils étoient environnés de plus de fausses lueurs, sont-ils devenus en même tems plus malheureux, à proportion que leurs constitutions politiques ont été plus mauvaises; et ces constitutions ont été plus mauvaises, à cause sur-tout de l'unité de forces dépendant d'un seul homme, et du funeste égoïsme national qu'il a cherché à inspirer par-tout pour porter les peuples à se regarder comme des ennemis naturels les uns des autres.

Voilà comment les siècles demi-éclairés ont été si long-tems l'époque des malheurs de l'espèce humaine ; voilà une nouvelle preuve que ce n'est qu'aux siècles de lumières, que la civilisation pourra atteindre ses derniers degrés de perfection.

Dans un homme bien constitué, toutes les parties de son corps concourent à sa conservation et à son bien-être ; dans une Nation bien constituée, toutes les parties du corps politique concourent de même à la conservation, au bien-être de tous les individus de cette Nation. Je dis *de tous les individus de la Nation*, parce qu'en effet c'est aux individus que parvient et se fait sentir l'impression des divers mouvemens opérés dans la machine. Je dis en second lieu *de tous*, parce que le corps politique doit être organisé de manière que tous les individus jouissent des avantages auxquels ils ont droit dans l'Etat Social, et parce que toute constitution qui ne remplit pas ce but est nécessairement mauvaise, n'importe sous quelle forme de Gouvernement. Quel est l'homme qui oserait se vanter d'avoir une bonne constitution, si les sucs destinés à l'entretien de l'harmonie générale, refusoient de se porter dans quelques-uns de ses membres ou de ses organes, ou même dans la plus grande partie de son corps, pour affluer en trop grande abondance, soit dans un seul viscère, comme dans les Gouvernemens despotiques, soit dans plusieurs endroits à la fois, comme dans les aristocratiques?

Ainsi une Constitution Nationale est bonne, lorsque l'ensemble des lois et institutions de la nation forment un corps politique, qui assure le bien être de tous les individus de la nation.

Mais comment une Constitution garantira-t-elle le bien être de tous les individus, c'est-à-dire, l'exercice de leurs droits d'homme et de citoyen? Rappellons-nous que les lois et institutions d'un peuple ne forment une constitution, qu'en tant qu'elles forment un corps politique; or dès qu'elles forment un corps politique, elles doivent conséquemment établir dans ce corps, un ordre de mouvemens réguliers et de fonctions vitales, qui en fasse un être actif, sain, robuste et bien conformé. Ce sont là les vrais moyens de rendre une Constitution nationale capable de garantir la jouissance paisible, l'exercice complet des droits naturels et imprescriptibles de l'homme. C'est là la vraie manière de parvenir à la solution du grand Problême Social, qui nous a déjà occupés dans le huitième point de vue; et voilà comment par l'énergie, par la force de son tempérament, le Corps Politique National deviendra capable de dissiper toutes les obstructions, toutes les humeurs corrompues qui pourroient se former dans quelqu'une de ses parties ; [illegible] son organisation [illegible] tout un mécanisme admirable qui [illegible] dans toutes ses parties, et comment ces parties diverses correspondent toutes entre elles par des rapports plus ou moins immédiats, par des intermédiaires [illegible], de manière à se prêter réciproquement une force à toute épreuve, et à s'appuyer de concert sur quelques bases principales (les deux Conseils, le Directoire exécutif, le Tribunal de Cassation, etc ;) de même que les diverses parties du corps humain correspondent toutes avec quelques organes principaux, et établissent entre eux des relations essentielles à la saine constitution de l'individu.

Mais puisque les lois et les intitutions politiques sont les élémens d'une bonne constitution nationale, établissons les principes dont elles doivent dériver. Ce nouveau pas dans la langue de l'organisation sociale est une suite et une conséquence nécessaire du premier.

Principes généraux en fait de Législation.

Le premier de ces principes est que toutes les lois et institutions qui régissent une Nation

tion, doivent être liées et enchaînées entre elles, de manière qu'il y règne de toutes parts un concert, une harmonie, une correspondance propres à produire comme à assurer le bonheur des individus, et la prospérité publique. C'est là une condition essentielle pour que toutes ces lois, toutes ces institutions ne forment qu'un tout, qu'un corps bien constitué.

Ainsi en dressant le projet d'une loi, loin de pouvoir un instant perdre de vue aucun des objets qui lui appartiennent en particulier, il faut en même tems avoir sans cesse présens à l'esprit les différens besoins actuels de la Nation, soit pour tâcher d'y subvenir dans toutes les occasions, soit pour éviter d'insérer dans une loi quelconque des dispositifs qui, aulieu d'entrer en liaison avec les diverses parties du corps politique, contrarieroient par leurs effets, le but d'une foule d'autres lois, et remplaceroient ainsi un cahos par un nouveau cahos.

Le second principe est que les lois étant destinées à diriger les hommes, doivent conséquemment être relatives à leurs occupations ordinaires, à leurs besoins, à leur position actuelle, et non à ce qu'ils ont été plusieurs siècles au paravant, ou à ce qu'ils seront dans les tems à venir. Ainsi des lois faites pour des peuples Pasteurs, ne seront pas propres à conduire des peuples Chasseurs ; les lois de ces derniers ne seront pas non-plus capables de diriger sagement des peuples Agricoles, ou des peuples Manufacturiers, ou de tout autre degré de civilisation plus avancé.

Troisième principe. Le principal but de toute loi, c'est de rendre les hommes plus heureux, meilleurs qu'ils ne le seroient sans son secours ; donc, puisque les supposer méchans, ce seroit travailler à les rendre tels, il faut toujours les supposer bons ; mais cette supposition n'est praticable que dans l'énoncé, dans les motifs ostensibles, dans les Considérant et le Préambule des lois. Dans leurs effets prévus, ces mêmes lois doivent au contraire supposer que l'homme est méchant, et être combinées de manière à l'empêcher de devenir tel ou de l'être impunément.

Ainsi, loin de publier par-tout que l'homme n'est que méchanceté, et de supposer partout qu'il est la justice, la probité, la vertu même, disons au contraire que l'homme a reçu en partage des inclinations bienfaisantes, que le goût des vertus sociales lui est plus agréable, plus utile, plus naturel que la pratique des voies criminelles ; établissons ces consolantes vérités sur les faits de tous les jours, sur l'empressement continuel à obliger des passans, des inconnus, sur le plaisir attaché au bien qu'on se souvient d'avoir fait ; mais dans nos institutions nationales supposons-le au contraire faible, dominé par l'intérêt personnel, et donnons-lui par-tout les mêmes lois que si la justice, la vertu, la probité lui étoient réellement inconnues. Mais encore une fois, souvenez-vous que, puisqu'il est faible et susceptible d'être dirigé en mille manières, les lois doivent le fortifier et le diriger dans le sentier de la vertu, dans le chemin de la sagesse. Car malheur aux peuples dont la Législation mettroit l'intérêt personnel sans cesse en opposition avec l'intérêt public !

Principes relatifs à la Législation criminelle.

PREMIER PRINCIPE. Le premier et principal objet de toute loi pénale est d'empêcher les hommes de se livrer au crime ; donc la première et principale attention du Législateur Criminaliste doit se porter sur l'impression que fera dans l'esprit de la multitude, l'établissement d'une loi pénale donc en général, puisque supposer les hommes méchans, ce seroit travailler à les rendre tels, nulle loi, soit pénale ou autre, ne doit être marquée à ce sinistre caractère. Elles ont toutes pour objet de rendre l'homme bon ; elles doivent toujours le supposer tel. C'est le premier pas qu'elles aient à faire pour l'écarter du crime et des sentiers tortueux qui y conduisent. Quel est l'homme qui deviendra criminel, si le besoin le plus urgent, ou une ignorance stupide ne le porte au crime ? Personne : voilà la réponse du Législateur. Les conséquences qu'il en doit tirer, consistent à empêcher que l'homme ne devienne la proie du besoin le plus urgent, ou d'une ignorance stupide.

Deuxième principe, relatif aux espèces de délit que la société a droit de punir. Le délit d'un homme, considéré en tant qu'il lui est nuisible à lui-même, s'appelle *Vice* ; considéré comme étant contraire ou à l'intérêt général ou à celui des particuliers, il s'appelle *Crime*. Ce n'est que sous ce dernier rapport, que l'homme devient coupable aux yeux de la loi, et mérite d'encourir punition de la part de la société ; mais on aurait tort d'en conclure que les premiers rapports de ses actions doivent être entièrement négligés dans un corps de législation. Le *moi* humain ne se divise point. Pour l'éloigner du crime, ce qui est l'objet fondamental de toute loi pénale, il ne suffit pas de l'effrayer par la crainte de quelques supplices, ou plutôt il ne faut pas uniquement agir sur le mobile le plus méprisable de ce *moi*, la crainte, mais sur ses propriétés les plus essentielles, sur ses mobiles les plus puissans. Il faut exalter et diriger son amour-propre, fixer ses regards sur la dignité de son individu, en sa qualité d'homme, de citoyen, de français; lui montrer par-tout l'homme, le bon citoyen, comme des objets sacrés, pour le bien desquels toutes les lois ont été faites, et qu'elles tendent à rendre de jour en jour plus heureux.

TROISIÈME PRINCIPE, puisé dans le premier objet des peines légales. Les *peines* considérées par rapport à celui qui les subit, se divisent en peines correctives et en peines capitales; les unes destinées à corriger le coupable, les autres à le mettre hors d'état de nuire par la suite à la société; considérées par rapport au reste des hommes, elles doivent toutes être *instructives*, c'est-à-dire, propres à inspirer de l'horreur pour le crime. Or puisqu'elles ne sont correctives ou capitales qu'à l'égard d'un seul ou d'un très-petit nombre d'individus, tandis qu'elles sont instructives pour tous les hommes, concluons-en que leur caractère distinctif doit être dans chacune, un sujet d'instruction analogue et au genre de délit, et aux besoins des citoyens témoins du châtiment du coupable. Ainsi, par exemple, la punition d'un assassinat doit apprendre à respecter la vie de l'homme; la punition d'un vol doit apprendre à respecter le droit de propriété; la punition d'une injure, d'une calomnie doit apprendre à respecter l'honneur, la réputation de chaque individu; la punition d'un crime contre le public, de la trahison d'un Général, de la prévarication d'un Juge, etc., doit apprendre à respecter tout ce qui se rapporte à la chose publique. En second lieu, il faut que ces leçons soient analogues aux besoins des peuples chez qui les peines sont infligées, ce qui est évident, puisqu'il seroit absurde d'apprendre à respecter des choses inconnues.

Outre l'instruction publique, la société a encore pour objet, en punissant les délits, et le châtiment du coupable, et la réparation du tort fait ou à l'intérêt général ou à celui des particuliers. Le châtiment du coupable consiste à lui infliger des peines ou correctives ou capitales, c'est-à-dire, des peines destinées à le faire rentrer dans son devoir, ou à mettre la société à couvert de ses inclinations perverses. Quant à la réparation du tort, comme l'instruction publique est par sa nature, plus utile au bien général, que ne sauroit l'être une réparation quelconque, si le châtiment du coupable ne peut point se concilier avec ces deux objets, s'il faut choisir exclusivement l'un ou l'autre, alors le premier (l'Instruction Publique) sera préféré, et la Société se chargera de réparer, autant que de besoin, le dommage causé.

Ainsi les peines criminelles sont infligées pour l'instruction publique, pour la réparation du tort commis, pour le châtiment du coupable. Le genre de délit fait connoître le genre d'instruction, la mesure et l'espèce de réparation. Si en remplissant les deux principaux objets, l'instruction et la réparation, le coupable se trouve puni, ce n'est pas pour essuyer de la part de la société un acte de vengeance, mais pour être, ou simplement corrigé, ou réduit à ne pouvoir plus troubler l'ordre social.

OBSERVATIONS.

Les principes que nous venons de parcourir, ne sont pas seulement propres à servir de boussole aux hommes chargés de faire des lois; ils forment aussi une mesure commune destinée à faire apprécier les lois de tous les peuples, à les faire juger sur les seules règles de la même Science. En effet cette science ne se bornant plus à la connoissance d'un seul Etat, mais embrassant au contraire l'Etat Social de toutes les Nations, d'après les bases les plus incontestables de l'Etat de Société, si cette Science, disons-nous, est démontrée dans ses premiers élémens, il faut donc que les vrais principes de l'Organisation Sociale puissent se rapporter à ces mêmes élémens; ensorte que cette Science devienne un moyen infaillible de reconnoître ce qui leur appartient, ou leur est étranger; et réciproquement si notre Echelle Sociale jouit de ce précieux avantage, ce sera une nouvelle preuve que nous avons eu raison de la qualifier de Science Elémentaire. Il s'agit donc ici de deux choses à la fois, de profiter de notre Science Elémentaire, pour faire reconnoître ce qui appartient à la langue de l'Organisation Sociale, et de confirmer, par une épreuve aussi importante, l'idée que nous nous sommes formée de cette nouvelle science.

Or je dis que les explications données relativement au sens du mot Constitution, et aux principes exposés ensuite, s'appliquent indistinctement aux différens peuples des dix degrés de civilisation; d'où il résulte qu'elles font partie de la véritable langue de la Science Sociale, et ne peuvent par conséquent être confondues avec des notions vagues, ou avec des connoissances isolées et incapables d'une extension pareille.

La définition du mot Constitution, par exemple, embrasse la Constitution des peuples de toutes les classes, puisque ce terme désigne l'ensemble des lois et institutions d'une Nation considérée comme formant un corps politique quelconque; et la même définition montre les caractères certains auxquels se fait connoître une bonne ou une mauvaise Constitution; preuve non-équivoque, que cette espèce de définition ou d'analyse est puisée dans la nature et est la plus conforme à la vérité.

Voulez-vous une nouvelle preuve de la justesse de nos idées sous ce premier rapport? Voyez comment les principes généraux, en fait de législation, dérivent naturellement de cette première source; et avec quelle fécondité ils donnent eux-mêmes naissance aux principes relatifs à la législation criminelle! relisez le premier de ces derniers principes, et vous reconnoîtrez aussitôt qu'il donne lui-même naissance à un autre principe aussi fondamental, particulièrement dans les degrés de civilisation les plus avancés : ce principe est celui qui impose aux Législateurs le devoir de prévenir les délits, en empêchant l'homme de devenir la proie des besoins les plus urgens, ou de l'ignorance la plus criminelle. Ces principes, à leur tour, vous conduiront à d'autres également certains, par exemple, à ceux relatifs au travail considéré comme père nourricier de tous les hommes, et à ceux sur les ressources sociales, destinées aux hommes que leurs infirmités empêchent de gagner leur subsistance par le travail.

Le besoin de dissiper l'ignorance stupide, cause funeste d'une foule de délits, vous fera sentir la nécessité de l'Instruction, et d'une instruction proportionnée à chaque genre d'Etat Social, ainsi que nous l'avons vu, en nous occupant du droit naturel. Si vous vous arrêtez alors à notre Etat Social actuel, et que vous en considériez à la fois tous les besoins, leur immensité vous fera appercevoir la nécessité d'une instruction universelle, sous une multitude de rapports. Que si vous redoutez, avec raison, de continuer des applications aussi inépuisables que nos besoins de toute espèce, rappellez-vous le quatrième degré de civilisation, celui où nous avons vu la première invention commerciale, et l'exemple de la bonne foi marcher de pair, comme vraie base de toutes les opérations commerciales; (p. 41, 42.) rappellez-vous successivement, et les bases physiques, et les moyens commerciaux, sur lesquels vous savez que reposent les fondemens de l'Edifice Social pris dans toute son étendue : (p. 4). portez le flambeau de l'analyse dans chacune de ces branches fondamentales des connoissances humaines, et vous en ferez jaillir des sources de lumières, qui éclaireront graduellement toutes les ramifications de l'Organisation Sociale. Ici vous ramenerez aux bases physiques la science de l'Agriculteur, l'art des Manufacturiers, la théorie des meilleures pêcheries, la culture de toutes les matières premières; là vous trouverez dans les moyens commerciaux l'établissement des Foires et des Marchés, l'usage des signes fictifs et conventionnels, pour l'échange des valeurs réelles; ailleurs vous déduirez, et des bases physiques et des moyens commerciaux, la vraie théorie sur l'emploi des métaux, comme signes des valeurs; partout vous reconnoîtrez les vrais principes de la Science Sociale, ou comme émanés de notre Echelle fondamentale, ou comme susceptibles d'être ramenés à cette source féconde, et toujours comme liés entre eux par des rapports sensibles, quoique plus ou moins éloignés; en sorte qu'il vous paroîtra possible d'établir leur identité avec autant de certitude, qu'on l'établit en Géométrie, pour les vérités Mathématiques qui dépendent des dimensions de l'étendue.

Ainsi la langue et la science de l'Organisation Sociale, se trouveront refaites en même tems par notre méthode ; et elles seront l'une et l'autre faciles à reconnoître à deux grands caractères : ou elles dériveront des élémens mêmes de l'Echelle Sociale considérée dans toute son extension, ou elles s'appliqueront à l'ensemble de cette même échelle, à raison des besoins des peuples.

Figurez-vous dix grandes branches sorties d'un seul et même tronc, et formant par leur réunion un contour immense, qui s'étend vers tous les points de l'horison, et voyez autour de ces dix branches, une infinité de rameaux et de ramifications de l'extrémité desquelles il est toujours facile de revenir, par la pensée, jusqu'au premier point de départ ; vous aurez une image des principes et de la langue qui constituent les dix degrés de civilisation. La sève qui circule dans toutes les branches, le bois qui les compose, l'écorce qui se montre au dehors, vous représenteront les principes communs aux dix classes des différens peuples, et cet Arbre majestueux vous démontrera, jusqu'à l'évidence, comment les principes et la langue de l'Organisation Sociale, sont ramenés, par notre plan, à une seule et même Science Elémentaire. Ce sera en exécutant un grand ouvrage, conformément à nos vues, qu'on donnera à cette première démonstration, le plus haut degré de force où elle puisse parvenir. Revenons maintenant au degré de civilisation dont la France fait partie, et occupons-nous des bases de son nouvel Edifice Social, sous le rapport le plus urgent, celui de l'Instruction Publique.

XI.e POINT DE VUE

Sur le fameux problême de l'Enseignement Public.

NOTRE dessein n'est point de traiter ici des lois et institutions qui doivent former, de concert avec l'Enseignement Public, une véritable Education Nationale, telle que peut en avoir un Peuple Agricole, Manufacturier, Navigateur et Commerçant, composé de plus de trente millions d'individus. Car l'Education Publique d'une telle Nation, ne doit point ressembler à celle d'un peuple circonscrit dans quelqu'un des neuf premiers degrés de civilisation, ou réduit à un petit nombre de citoyens. L'Education Publique d'une semblable Nation ne peut se composer de moins de deux masses, pour ainsi dire, incommensurables ; savoir, d'un Enseignement Public proportionné à ses immenses besoins, et de l'Instruction universelle et perpétuelle, résultante de toutes les branches de son Organisation Sociale, c'est-à-dire, résultante de l'impression que font naturellement sur l'esprit et le cœur des citoyens, non-seulement toutes les lois et institutions proprement dites, mais encore et les Fêtes Nationales ou Décadaires, et les cérémonies publiques des actes civils, et les formes de procéder de la part des divers Fonctionnaires, sans exceptoin, et les Théâtres et lieux d'amusement publics quelconques, et les objets d'art ou d'agrément exposés, soit à demeure, soit périodiquement, aux regards de tout le monde, et les principaux usages de la vie civile.

Ainsi l'Enseignement Public fait par des Professeurs et des Instituteurs, au nom du Peuple Français, est la seule branche de l'Education Nationale dont il doive ici être question. Puissions-nous trouver une boussole capable de nous diriger à travers les innombrables objets dont se compose cette seule carrière ! Et puissent les Autorités compétentes, ou plutôt les Générations à venir, parvenir enfin à donner à l'autre son dernier et plus haut degré de perfection !

PREMIÈRE QUESTION A EXAMINER. Quelles sont les connoissances humaines dont doit se former notre Enseignement Public, afin d'être en proportion avec les besoins de notre Etat Social ?

L'Enseignement Public d'un peuple tel que le Peuple Français, et d'un peuple parvenu au faîte de la gloire, doit embrasser toutes les branches des connoissances utiles ou honorables pour l'esprit humain. C'est le seul moyen de donner à ce haut degré de splendeur, une base solide et inébranlable, comme c'est le seul moyen d'assurer la prospérité publique et particulière.

Qu'on ne juge point cette première idée plus brillante que praticable, en opposant l'expérience sur-tout de l'Ecole Normale, et la réduction du nombre des Cours d'études créés par le premier décrêt de la Convention sur les Ecoles Centrales : faudra-t-il donc qu'un défaut de succès, dû au seul défaut de prévoyance, et nullement à la nature des choses, devienne un titre suffisant pour priver continuellement la France d'une régénération complète dans son système d'enseignement national ? Les vœux manifestés à cet égard et par le Corps Législatif et par le Directoire, les désirs ardens de tous les bons citoyens, nous sont un sûr garant du contraire. L'expérience du passé doit seulement nous apprendre à être plus clair-voyans sur l'avenir ; et il en résulte évidemment qu'il ne s'agit pas tant ici de multiplier les Cours, que d'en assurer le succès. Examinons donc s'il y a des moyens d'assurer le succès de l'Enseignement Public proprement dit.

Je trouve qu'il y a deux moyens d'assurer ce succès, moyens certains et indispensables,

sans

sans lesquels ni le bon choix des Professeurs, ni la meilleure organisation administrative ne sauroient conduire aux mêmes résultats. Car quoiqu'en ait pu dire la sotte ignorance, ou l'aveugle envie, les Professeurs n'auroient pas plus manqué à un bon plan, que les Généraux n'ont manqué à la bonne cause : les corps privilégiés, heureusement détruits, ne sont pas plus nécessaires au succès de l'instruction, que les distinctions héréditaires aux triomphes de nos armées; et si la tyrannie, l'esclavage ont expiré, disparu et disparoissent au bruit de nos phalanges victorieuses; à la voix des Auteurs, des Professeurs Français, le règne de la vérité et de la raison s'élèvera de toutes parts, sur les ruines de l'ignorance, de la routine et des préjugés.

Je dis donc qu'il y a deux moyens certains d'assurer le succès de l'Enseignement Public. Ces moyens, connus en partie, consistent, l'un à déterminer l'ordre graduel suivant lequel les différens cours d'étude seront suivis par les jeunes citoyens, et l'autre consiste aussi à déterminer l'ordre graduel des principales matières de chaque Cours, de façon à prévenir les doubles emplois ou les oublis, en indiquant aux Professeurs les grandes masses des objets qu'ils auront chacun à traiter.

Un moment de réflexion suffira pour faire

disparoître les difficultés que semble d'abord présenter l'exécution d'un pareil plan. Car n'allez pas craindre que les Professeurs vous accusent ici de faire une classification arbitraire, qui les enrichira les uns aux dépens des autres : ils connoissent trop bien la nature des facultés de l'esprit humain, et ils savent trop bien que c'est là la seule pierre de touche qui puisse vous diriger dans la distribution de leurs travaux. Ils seront donc les premiers à vous observer que les différens Cours doivent être distribués dans un ordre proportionné aux facultés croissantes des Elèves, et exactement calqué sur la marche naturelle de l'esprit humain.

Ils vous rappelleront que les Cours de la première année doivent préparer aux Cours de la seconde; ceux-ci aux Cours de la troisième, et ces derniers, aux Cours de la quatrième ; qu'il faut sans cesse conduire du connu à l'inconnu, du sensible à l'intellectuel, du sens propre ou primitif au sens figuré, et toujours par la méthode analytique.

Vous conclurez de ces diverses observations, que des élémens d'Histoire Naturelle, de Mathématiques, de Dessin, professés par des hommes qui connoissent si bien l'art d'instruire, seront aisément mis à la portée des jeunes gens, et que même tous les Cours de l'Enseignement Public ne contiennent rien qu'on puisse, aussi aisément que ces trois espèces de leçons, rendre accessible à leurs facultés peu exercées, et vous en déduirez la nécessité de désigner ces mêmes objets, pour la matière des leçons de la première année.

Cette première découverte vous délivrera du pénible soin de faire passer les Elèves par des Ecoles intermédiaires; et mettant dès-lors cet article à part, vous reviendrez d'abord à la distribution des Cours, que vous terminerez conformément au Tableau suivant, par les raisons que nous dirons bientôt.

PREMIER TABLEAU.

Cours d'Etude des Ecoles Centrales.

I.re Anné, Salle A. (*)	1. Histoire Naturelle.	2. Mathématiques.	3. Dessin.
II.e Année, Salle B. (*)	1. Physique, et Chymie Elémentaire.	2. Histoire des Peuples actuels (**)	3. Langue Française.
III.e Année, Salle C. (*)	1. Economie Animale, ou L'homme Physique.	2. Agriculture et manufactures nationales	3. Langue morte, ou Vivante.
IV.e Année, Salle D. (*)	1. Art de penser, ou L'homme intellectuel	2. Economie Politique, Morale, Et Législation. (**)	3. Littérature Ancienne et Moderne.

(*) Nous indiquons ici trois Cours pour une même Salle, pour montrer qu'ils seront faits à des heures différentes, et pourront, en cas de besoin, avoir lieu dans un même local.

(**) Voyez la Nouvelle Méthode d'étudier l'Histoire, l'Economie Politique, etc.

La totalité de ces Cours embrasse, comme on voit, l'universalité des connoissances nécessaires à l'accroissement, au maintien de la prospérité nationale et individuelle.

Il s'agit maintenant de distribuer les objets nombreux de chaque Cours, ensorte que les jeunes Citoyens, et les autres genres d'auditeurs y puisent, comme à volonté, tous les degrés d'instruction dont ils auront besoin, et que comportera l'état actuel de chaque Science, dans la suite des générations. Car si l'ensemble du plan est combiné d'une manière digne du nom Français, il faut qu'il réunisse à la fois les plus grands avantages présens et à venir ; savoir :

Premièrement, un ensemble de connoissances, dont les détails puissent être saisis en entier, dans l'espace de quatre à cinq ans, par les Elèves ou Auditeurs quelconques, capables par leur âge, leur expérience, etc., de faire les plus grands progrès dans le moindre tems possible ;

Secondement, une suite de leçons, dont l'étude complète puisse occuper les jeunes Elèves durant l'espace de huit à neuf ans, sans cesser de leur offrir, chaque année, de nouveaux objets propres à piquer la curiosité.

Troisièmement, une réunion de lumières, qui corresponde aux besoins, aux goûts de l'universalité des citoyens, en sorte que chacun y vienne consacrer plus ou moins de tems, à proportion de son état, de ses loisirs, de ses vues particulières, ou même de sa capacité;

Quatrièmement, une telle liaison et une telle gradation dans les idées, qu'elles se prêtent un mutuel appui pour se graver dans la mémoire et avec la plus grande promptitude, et avec la plus grande tenacité possibles;

Cinquièmement, un tel arrangement dans la marche successive des études, que l'esprit y acquière naturellement toute la rectitude et justesse, toute la force et l'étendue qu'il peut retirer de la simple instruction;

Sixièmement, enfin, un tel ordre de choses, que d'une part, toutes les classes de citoyens se trouvent dans la possibilité de profiter de quelques Cours d'étude, et que d'autre part, les divers Professeurs y rencontrent tous les moyens possibles de faire jaillir de leurs Cours annuels, les genres d'utilité le plus à désirer et pour leurs Auditeurs et pour eux-mêmes et pour les progrès de la science immense de la nature, à laquelle se rapporteront tous ces mêmes Cours.

Voyons d'abord les premiers moyens de parvenir à ces grands résultats.

Division des Cours, et distribution des Leçons.

Chaque Cours d'Instruction sera divisé en deux parties; savoir, la partie la plus élémentaire pour les Leçons de la première année, et la partie la plus élevée pour l'année suivante, durant laquelle chaque Professeur donnera seulement une Leçon par décade, en faveur de ceux qui voudront, ou pourront aller plus loin, comme aussi pour faire connoître les nouvelles découvertes ou expériences relatives aux Leçons de la première partie.

Les trois grands Cours de chaque année, désignés sur le tableau précédent, seront chacun de cinq Leçons par décade; ce qui fera quinze Leçons d'une part, et dix-huit, en y réunissant les trois Leçons complémentaires affectées à la deuxième année des divers Cours.

Les Elèves seront tenus de suivre successivement les trois grands Cours de chaque année; d'où il suit qu'ils auront toujours dix-huit Leçons par décade, excepté la première année de leur Cours d'étude. Cette année, ils n'en auront que quinze, et jamais plus de deux par jour, à cause que leurs facultés presque natives ne doivent alors être, ni trop long-tems tendues, ni appliquées à la fois à un trop grand nombre d'objets. D'après cette distribution, ils auront régulièrement par décade un jour de congé plein, et un jour d'une seule Leçon, qui sera donnée par le Professeur de Mathématiques, afin qu'il puisse augmenter le tems consacré aux opérations de calcul.

Les dix-huit Leçons décadaires des années suivantes, seront distribuées à raison de deux par jour, ou si des raisons particulières font prendre, sur-tout dans la belle saison, un congé par décade, les deux Leçons en seront renvoyées, l'une au primidi, et l'autre au sextidi, lendemain des jours de repos, ou à la veille de ces mêmes jours.

Mais dans tous les cas, chaque Département fera imprimer et promulguer annuellement l'Etat indicatif et du nombre des Leçons, et des jours et heures qu'elles auront lieu, afin que tous les citoyens qui seront bien aises d'en profiter, aient la facilité de prendre leurs mesures, et de faire à loisir les arrangemens analogues.

En vertu de ces diverses dispositions, les douze Cours proposés sur le premier tableau, formeront un ensemble dont chaque Elève, ou Auditeur quelconque, pourra suivre tous les détails dans cinq ans; savoir, la première année, trois Cours;

La deuxième année, trois nouveaux Cours, et la suite des trois précédens;

La troisième année, trois nouveaux Cours, et la suite des Cours de l'année précédente;

La quatrième année, trois nouveaux Cours, et la suite des Cours de la troisième année;

Et enfin la cinquième année, la suite des Cours de la quatrième, en redoublant le Cours qu'il jugera à propos, ou point du tout, s'il a besoin de donner son tems à quelque autre occupation.

D'un autre côté, l'Elève qui arrivera jeune aux Ecoles Centrales, pourra doubler tous les Cours et tous les complémens, ou du moins les trois premiers complémens et tous les Cours dans l'espace de huit ans, ou doubler seulement les Cours qui seront relatifs à son état futur; d'où il suit que les années nécessaires aux Cours d'instruction, varieront à proportion des besoins, des facultés et des circonstances, sous la réserve d'un minimum de quatre ans, et d'un maximum de neuf ans.

On voit par ce qui vient d'être dit, que les Leçons de complément devront être placées à des heures différentes des Leçons élémentaires, afin de pouvoir être suivies, et par les vétérans des Cours analogues, et par les ex-vétérans; ensorte que dans l'espace de neuf ans, un élève ait la facilité de suivre régulièrement, pendant deux ans de suite, et chaque Cours élémentaire, et chaque complément. C'est ce qui va paroître plus sensible encore par le tableau suivant.

II.e TABLEAU.

Leçons décadaires des Ecoles Centrales.

Salle A, ou Cours de la 1.re Année.	Histoire Naturelle, 5 l. Mathématiques ..... 5 Dessin.......... 5			TOTAL Décadaire. .... 15 leç.
Salle B, ou Cours de la 2.e Année.	Physique et Chy. . 5 l. Histoire des peuples actuels . . . . . 5 Langue Franç. . . 5	Plus,	Histoire Naturelle. 1 l. Mathématiques . . 1 Dessin. 1	. . . 18
Salle C, ou Cours de la 3.e Année.	Economie animale. 5 l. Cultures et Manuf.. 5 Langue morte, ou vivante 5	Plus,	Physique . . . . . . 1 l. Histoire . . . . . . 1 Langue 1	. . . 18
Salle D, ou Cours de la 4.e Année.	Art de penser . . . 5 l. Economie Polit. . . 5 Littérature. 5	Plus,	Economie animale. 1 l. Cultures et Manuf. 1 Langue morte, ou vivante.. 1	. . . 18
5.e Année.			Art de penser. . . 1 l. Economie Polit. . . 1 Littérature. 1	. . . 3 plus

Ordre graduel des Cours, et des principales matières de chaque Cours.

L'ORDRE graduel des Cours est celui qu'il importoit le plus de déterminer, à cause qu'il est impossible aux Professeurs d'y suppléer. Ne craignons donc pas de revenir sur les motifs qui doivent faire adopter celui que nous avons proposé. Peut-on, en effet, jetter un coup-d'œil sur le premier tableau, sans reconnoître aussitôt que, si les Mathématiques sont nécessaires pour l'intelligence de la Physique, la Physique à son tour est indispensable pour l'intelligence de l'Economie Animale ; que si l'Arithmétique et la Géométrie doivent préparer à l'étude de la Géographie, et de l'Etat Social des Peuples actuels, cette étude à son tour doit précéder celle de l'Economie Politique ? Peut-on révoquer en doute que la langue maternelle ne soit plus facile à entendre par principes, qu'aucune autre, et que son étude ne doive conséquemment préparer à l'intelligence des autres langues, soit mortes ou vivantes ? Et quel intérêt voudriez-vous qu'offrît un Cours de Littérature, à des Auditeurs qui n'y apporteroient pas au moins la connoissance raisonnée d'une ou de plusieurs langues ? Pensez-vous que la théorie des sensations, des signes et des idées, puisse être développée dans ses immenses ramifications, à une époque plus convenable, qu'à celle où l'esprit des Elèves, fortifié déjà par des études en tout genre, muni d'une multitude de notions diverses, sera disposé à recevoir, à prendre son dernier essor, en état de réunir et classer avec ordre toutes les lumières acquises, et capable de voir se former dans l'homme, toutes ces idées fécondes dont la combinaison diverse l'a conduit de découverte en découverte, à l'invention de toutes ces sciences intéressantes, qui sont déjà comme autant de secrets précieux arrachés à la nature ?

Nous persistons donc à croire que notre classification est fondée sur les facultés mêmes de l'esprit humain, et qu'elle contribuera infiniment à assurer le succès de l'Enseignement Public. Néanmoins, comme plusieurs branches des connoissances humaines peuvent se rattacher presque indistinctement à différens Cours, il paroît nécessaire de lever à cet égard les incertitudes, afin de prévenir au moins, et les doubles emplois, et les doubles renvois, et nullement pour empêcher ces rapprochemens heureux, destinés à faire saisir les rapports des sciences les unes aux autres, et si propres à en graver l'acquisition dans la mémoire.

Ainsi, par exemple, le Professeur d'Histoire Naturelle renverra au Professeur de Physique, à donner la raison physique du vol des oiseaux, de l'ascension des Aréostats dans l'athmosphère, des Poissons dans l'eau; à faire connoître les opérations de la Métallurgie, l'analyse des Plantes; il renverra au Professeur d'Economie animale, tout ce qui regarde l'Histoire Naturelle de l'homme, au Professeur d'Histoire, ce qui concerne la Géographie; et comme ce dernier Cours est placé à la deuxième année du Cours des études, il réservera pour la deuxième partie de son Cours, l'Histoire Naturelle des pays étrangers.

Pareillement, le Professeur d'Histoire des Peuples actuels, renverra à celui d'Agriculture, les détails relatifs aux Cultures et aux Manufactures Nationales établies ou à établir, comme il renverra à celui d'Economie politique, les grands développemens relatifs à la Législation, à la Morale, à l'Histoire philosophique et générale de l'espèce humaine; il se bornera, sous ce rapport, à présenter des modèles de vertus sociales de toute espèce, dans toutes les occasions, de manière à poser, conformément au troisième point de vue, les bases de la morale et de l'Edifice

Social, dont l'organisation restera réservée au Professeur d'Economie Politique, suivant ce qui a été dit aux six derniers points de vue. Au reste, en renvoyant la Morale à ce Professeur, nous sommes bien éloignés de penser que les autres doivent se dispenser de remplir à cet égard leurs obligations inévitables. Ce sera au contraire à eux qu'il appartiendra plus particulièrement de semer de bonne-heure le germe de toutes les vertus, d'inspirer le goût des actions louables, l'horreur de tout ce qui est nuisible ou vicieux. Que d'occasions favorables n'auront-ils pas à ce sujet, dans ces momens heureux où la confiance de leurs Elèves fera recevoir, comme des oracles infaillibles de leur part, soit leurs décisions verbales dans les circonstances imprévues, soit leurs simples signes d'approbation ou d'improbation! Combien de modèles de vertu le Professeur, par exemple, d'Histoire Naturelle, n'aura-t-il pas à leur montrer dans les mœurs exemplaires de tant d'animaux de toute espèce! Je me représente tous nos jeunes citoyens puisant à l'envi, et comme à leur insu, l'esprit d'ordre et de calcul chez le Professeur de Mathématiques, le goût du beau et du régulier chez le Professeur de Dessin, l'esprit d'observation et de réflexion chez les Professeurs de Physique et d'Histoire universelle, l'amour des Arts utiles chez ceux d'Agriculture et d'Economie ; la justesse d'idées, la précision du langage, le tact du vrai et du solide, du bon et du parfait chez les Professeurs de Logique, de Langue et de Littérature; par-tout le sentiment de l'honnête et du vrai, l'habitude de la probité et de la droiture, le discernement du bien et du mal, du juste et de l'injuste, du sensé et de l'absurde, du certain et du probable ; l'estime et le respect des droits de l'homme, l'attachement à leur patrie et à la gloire du nom Français, la haine de l'ignorance et du crime, l'amour des lumières et de la raison, et enfin une préférence décidée pour tout ce qui porte l'empreinte de l'utile et du vertueux.

J'ajoute que le Professeur de Mathématiques renverra à celui de Physique, la Mécanique et les Sciences Physico-Mathématiques, dépendantes du calcul infinitésimal ; sauf à donner l'un ou l'autre, dans la deuxième partie de leur Cours, les Leçons réclamées par les progrès de leurs Elèves ; et c'est ici qu'on découvrira un nouvel avantage inappréciable, résultant de notre division de chaque Cours, en deux parties annuelles. Mais formons un tableau indicatif des principales masses d'objets de chaque Cours.

III.e TABLEAU.

Principaux objets des Cours d'Etudes des Ecoles Centrales.

COURS A.	HISTOIRE NATURELLE, MATHÉMATIQUES, DESSIN.
1.° Histoire Naturelle, 1.re Année.	**2.e Année, ou partie.**
D'abord, les Animaux et les Oiseaux domestiques; deuxièmement les Animaux, Oiseaux, Poissons et Plantes indigènes; troisièmement, notions minéralogiques, relatives à des corps mis sous les yeux des Elèves.	Animaux, Oiseaux, Poissons et Plantes des pays étrangers. Suite de la Minéralogie. (Le reste renvoyé aux autres Cours.)
2.° Mathématiques, 1.re Année.	**2.e Année, ou partie.**
Partie Elémentaire, Théorique et Pratique.	Suite en faveur des Elèves qui seront en état d'en profiter.
3.° Dessin, 1.re Année.	**2.e Partie, ou année.**
La figure, et puis encore la figure, ensuite le paysage.	L'Histoire, le Lavis, ou suite du Paysage.
I.	II.

COURS B.	PHYSIQUE, HISTOIRE DES PEUPLES ACTUELS, LANGUE FRANÇAISE.
1.° Physique et Chymie, 1.re Année.	**2.e Année, ou partie.**
Physique expérimentale et raisonnée, tant générale que particulière, et Elémens de Chymie, avec l'application aux objets renvoyés des autres Cours.	Découvertes récentes; objets scientifiques, ou suite de la première partie.
2.° Hist. des Peuples act., 1.re partie.	**2.° Partie, ou année.**
Géographie Naturelle et Sphérique, Histoire élémentaire de l'Etat Social des Peuples actuels, distribués en dix degrés graduels de civilisation. (*)	Constitution Française. Lois et Codes reconnus pour fondamentaux.
3.° Langue Française, 1.re partie,	**2.e Partie, ou année.**
Principes de la Langue Française, mis à la portée de tous les Auditeurs.	Leçons d'une autre Langue, ou suite de la première année.
COURS C.	**L'HOMME PHYSIQUE, AGRICULTURE, LANGUE MORTE OU VIVANTE.**
1.° L'homme Physique, 1.re Année.	**2.° Année.**
Education Physique de l'Enfance. Economie Animale de tous les êtres animés.	Leçons sur l'Education des bêtes à laine, sur les

(*) Voyez la Nouvelle Méthode d'étudier l'Histoire.

Anatomie raisonnée de l'homme. Hygiène.	soins relatifs à la santé des animaux domestiques, et sur leurs maladies.
2.° Agriculture. [illegible] Année, ou partie.	2.° Année.
Cultures et Manufactures Nationales, expliquées dans leur théorie et dans leur pratique, ainsi que les objets usuels, tant pour les Arts Agricoles, que les fabriques existantes ou à établir.	Nouvelles expériences en Économie Rurale. Nouvelles découvertes dans les Arts mécaniques, ou suite de la première partie.
3.° Langue morte ou vivante, 1.re Année.	2.e Partie ou Année.
Choix de cette langue d'après les localités, et explication de ses principes, comparativement avec ceux de la Langue Française.	Suite de la première partie en faveur de ceux qui pourront en profiter, ou Leçons d'une autre Langue.

COURS D. } L'HOMME INTELLECTUEL, ÉCONOMIE POLITIQUE, LITTÉRATURE.

1.° L'homme intellectuel, 1.re année.	2.e Année, ou partie.
Théorie des sensations, des signes et des idées, d'où Méthode des sciences appliquée aux connoissances acquises. Fixation des moyens de rectifier les idées erronées et de prévenir l'acquisition des idées fausses. Education morale-intellectuelle de l'enfance et Art d'instruire.	Histoire des progrès et des erreurs de l'esprit humain. Nouvelles observations sur la théorie des facultés intellectuelles, ou sur l'utilité de cette étude, ou suite de la première année.

2.° Economie Politique, 1.re Année.	2.° Partie.
Histoire générale et philosophique de l'espèce humaine. Bases de la Morale, de la Législation et du droit des gens, déduites de l'Etat Social des dix degrés graduels de civilisation; et Economie Politique de tous ces peuples, jugée d'après le premier but de l'Etat de Société.	Droit public actuel chez tous les peuples; le tout conformément à la nouvelle méthode d'étudier l'Histoire, le Droit des Nations, etc. etc.
3.° Littérature, 1.re Année.	2.° Partie, ou année.
Littérature Française comparée, tant ancienne que moderne. Règles de l'Art Oratoire, et devoirs imposés à tous ceux qui le cultivent.	Ouvrages d'Auteurs vivans, dignes d'être expliqués comme des modèles d'éloquence ou de poésie, appliquée à des objets utiles

Mode et durée des Leçons, et derniers moyens d'en assurer le succès.

LES détails dans lesquels nous venons d'entrer, nous paroissent suffire pour obtenir une sage distribution de toutes les branches de l'Enseignement Public; de manière que désormais les premiers Cours, et les premières parties de chaque Cours ne contiendront aucune de ces notions complexes, qui pour être saisies, auront besoin d'être renvoyées à l'un des derniers Cours, ou à la deuxième partie de chaque genre d'études.

On voit aussi comment le Professeur, en suivant l'esprit de ces indications, pourra continuellement proportionner ses Leçons à la capacité de ses différens Auditeurs, et culiver sa partie jusqu'au plus haut degré de perfection.

Nous n'observerons point que ces Leçons ne seront pas seulement des lectures, mais de véritables Leçons destinées à apprendre aux Auditeurs les matières dont le Professeur les entretiendra. Ainsi tandis qu'il exigera des jeunes citoyens des Comptes-rendus, jour par jour, il invitera les autres Auditeurs (inscrits et assidus), à lui donner par écrit leurs remarques, se réservant d'y répondre, soit en éclaircissant les difficultés dans la décade, soit en les renvoyant à l'époque où l'ordre naturel des idées en aura rendu la solution intelligible à tous les Elèves.

Par *jeunes citoyens*, nous entendons ici tous ceux compris entre l'âge de dix ans et de vingt-cinq indistinctement.

Le Professeur de Mathématiques fera opérer les Elèves sous ses yeux. Celui de Physique les rendra témoins de toutes les expériences pour lesquelles il aura les instrumens convenables. Celui d'Agriculture prendra ses mesures pour leur montrer au moins une fois, les objets de ses Leçons, qui se trouveront à portée. Celui d'Histoire Naturelle ne fera tomber ses Leçons de la première année, que sur des individus connus, ou sur des corps présens ; et la deuxième année il fera au moins voir en figures les objets qu'il lui sera impossible de se procurer en nature, attendu qu'il faut parler aux yeux du corps, avant de s'adresser aux yeux de l'esprit, toutes les fois du moins que cela est possible.

Environ une heure et demie de tems devra suffire pour remplir l'objet de chaque Leçon, sans fatiguer l'esprit, et sans diminuer cet empressement continuel avec lequel des Elèves bien conduits se portent tous les jours au travail, comme à un véritable amusement préférable à de stériles jeux.

A la fin de chaque section principale de son Cours, le Professeur en présentera un résumé ; et les Elèves lui en apporteront par écrit une courte récapitulation dont il sera fait usage à la fin de l'année, ainsi que nous le dirons bientôt.

De deux en deux mois, les Professeurs de chaque Ecole Centrale enverront au Ministre ou Sur-intendant de l'Instruction Publique, des tableaux sommaires, ou indications principales des objets qu'ils auront chacun expliqués durant les deux mois précédens. La réunion et l'examen de ces tableaux mettront à même de parvenir promptement à distribuer toutes les matières de l'Enseignement Public, dans un ordre graduel, fondé sur la liaison naturelle des idées, et le plus propre à faire retenir les connoissances acquises, comme aussi à fortifier les facultés intellectuelles de l'homme, et à le rendre capable des plus hautes conceptions où il puisse s'élever.

Faut-il parler maintenant de la manière dont devront se terminer des Cours annuels, consacrés à l'étude des diverses sciences nécessaires pour pourvoir aux besoins si multipliés de notre Etat Social? Si quelque lecteur s'attendait à nous voir chercher ici des récompenses ou joujoux d'enfant, pour en faire la parure de ces fêtes périodiques, ce seroit une preuve, ou qu'il ne seroit guère entré dans l'esprit de notre plan, ou qu'il auroit oublié les fruits et le mode des exercices avec distribution de prix, dont le spectacle se renouvelle annuellement chez nous depuis tant de siècles. La clôture de nos Cours Républicains ne ressemblera pas plus à celle des tems Monarchiques, que la matière des nouvelles Leçons, ne ressemblera aux éternelles latinités, ou aux Cathégorics

Aristoteliciennes, nées jadis durant les trop longs siècles de la barbarie.

Nos Cours, destinés à former l'esprit et le cœur des jeunes citoyens, se termineront par une cérémonie propre à concourir au même but. La solemnité de ce jour sera marquée par la présence des premiers Magistrats de la Commune où elle aura lieu. La réalité des progrès des jeunes citoyens en formera le plus bel ornement; et comme tous, ou presque tous, auront profité des Leçons données, tous participeront à la gloire qui en sera la digne récompense. On distribuera donc aux citoyens convoqués, la table des matières qui auront fait le sujet des Leçons des divers Cours, et une liste des Elèves. Chaque Assistant aura la liberté d'interroger ceux-ci sur les sciences qu'ils auront respectivement étudiées. Il sera d'abord fait une réponse verbale et précise au point de la question. Puis le Répondant donnera lecture du résumé que, durant l'année, il aura rédigé de la section principale, à laquelle appartiendra la question proposée. Après que tous les Elèves auront répondu, soit en totalité, soit en partie, aux diverses demandes de l'assemblée, le Président proclamera les noms des jeunes citoyens qui, par leurs progrès, auront mérité d'être admis, l'année d'après, aux Cours d'étude immédiatement suivans. Les noms proclamés seront de suite remis par le Président aux Professeurs respectifs des Cours supérieurs ; bien entendu qu'on n'aura point porté sur ces listes les jeunes Elèves qui, à raison de leur bas âge voudront, malgré leurs progrès, répéter les mêmes Cours (*).

Les noms proclamés à la fin du Cours d'études, seront portés au Département, pour y être inscrits sur un Registre national de tous les jeunes citoyens qui auront fait leur Cours d'étude dans l'Ecole Centrale de la Commune, et il en sera adressé une expédition en forme

---

(*) Ne seroit-il pas possible d'accompagner ces solemnités, en place d'une distribution particulière de prix à quelques individus, d'une distribution générale de signes symboliques, destinés à rappeller plus particulièrement aux Elèves, les avantages de toute espèce qu'ils devroient un jour retirer de leurs études ? Dans cette vue, ne pourroit-on pas choisir, pour signe symbolique, un rameau d'arbre fruitier, une tige de plante utile, une portion quelconque d'un des végétaux nourriciers de l'homme et rendus tels par son travail ? Et alors n'est-il pas évident que la réunion des symboles rémunérateurs reçus et conservés annuellement par les Elèves, formeroit pour chacun d'eux, comme un faisceau de souvenirs instructifs, dont la Patrie et eux-mêmes ne pourroient manquer de recueillir, tôt ou tard, les plus heureux fruits ?

au Ministre ou Sur-intendant de l'Instruction Publique, pour être déposée dans les Archives de la République, aux fins et usages que de raison.

Réponse à une difficulté ; réduction des Cours à raison de la population.

Je ne m'arrèterai point à faire voir comment la réunion des articles de ce dernier apperçu, renferme les divers avantages que nous nous étions proposés d'atteindre ; il suffira de le relire avec quelque attention pour en rester persuadé.

Que si l'on trouve le nombre des Professeurs trop considérable pour des Communes, dont la population ne sauroit fournir des Elèves en quantité, il sera facile de remédier à cet inconvénient, sans se priver néanmoins des plus heureux résultats inséparables d'un plan démontré. Il s'agira pour cet effet de supprimer alors les Leçons, dont les objets d'agrément ne sauroient convenir qu'à de grandes réunions d'hommes et de fortunes opulentes, et de se borner aux cours les plus utiles en eux-mêmes ; mais observons que cette utilité devra se mesurer et par le genre de lumières usuelles qui jailliront des Leçons conservées, et par l'influence que ces leçons auront sur la ruine de l'erreur et des préjugés. C'est là la double pierre de touche qui doit faire préférer un Cours à un autre, et conserver par-tout la Physique et les Mathématiques, ainsi que la Logique, et l'Histoire philosophique des peuples actuels, ces grands et incomparables moyens, pour s'emparer à jamais du terrein abandonné par la superstition, et pourvoir solidement à la propagation des lumières, fondatrices suprêmes du régne de la vérité et de la raison.

IV.e TABLEAU.

Nombre des Professeurs dans les Communes de moins de douze mille âmes.

Communes de six mille âmes ou au-dessous.	Six Professeurs, Savoir :	Ceux de Mathématiques et de Physique, de Langue Française et d'Histoire Philosophique, de Logique et d'Economie Politique.
De sept mille âmes ou au-dessous.	Sept Professeurs...	*Les six précédens, et un septième qui sera choisi entre ceux d'Histoire Naturelle et de Dessin, suivant les localités.*
De huit mille âmes ou au-dessous.	Huit Professeurs...	Les six d'abord indiqués, et deux autres choisis entre ceux d'Histoire Naturelle, de Dessin, d'Economie animale et d'Agriculture.
De neuf mille âmes ou au-dessous	Neuf Professeurs...	Les six d'abord indiqués, et trois autres choisis entre ceux d'Histoire Naturelle, de Dessin, d'Agriculture et d'Economie animale.
De dix mille âmes ou au-dessous.	Dix Professeurs...	Les six d'abord indiqués, et quatre autres qui seront ceux d'Histoire Naturelle, de Dessin, d'Agriculture et d'Economie animale.
De onze mille âmes ou au-dessous.	Onze Professeurs...	Les dix précédens, et celui de Littérature.

Il est inutile d'observer que dans ces Ecoles Centrales, les Professeurs conservés se réduiront, et emprunteront des Cours supprimés, à proportion des convenances locales ; c'est ainsi, par exemple, que le Professeur de physique en agira au sujet de l'Histoire Naturelle, celui de Logique, à l'égard de l'Homme Physique, et celui d'Economie Politique, vis-à-vis des Cultures et des Manufactures Nationales existantes ou à établir.

Nous conservons dans les Ecoles réduites, le Professeur de Langue Française, par la raison qu'une Langue parlée dans toute l'Europe, et destinée à devenir un moyen de rapprochement de tous les peuples, ne doit point être ignorée, ou parlée au hasard, par ceux qui portant le nom de Citoyen Français, sont par cela seul appellés à en partager, à en augmenter même, tôt ou tard, la Gloire.

Sur les Pensions de jeunes Elèves de l'un et de l'autre sexe.

Quelque certaine que soit l'influence de l'organisation physique d'un homme, sur le bonheur ou le malheur de sa vie, on ne sauroit disconvenir de l'influence, plus grande encore, à laquelle il a, dès sa naissance, été soumis et de la part de tout ce qu'il a entendu, et de la part de tout ce qu'il a vu faire, et de la part des circonstances de toute espèce où il s'est trouvé, et de la part des personnes avec lesquelles il a vécu. Rien n'est donc plus certain que l'influence des Maîtres et Maîtresses de Pension, sur la bonne ou la mauvaise éducation des Elèves qu'ils ont continuellement sous leurs yeux. Ainsi rien de plus important que de s'assurer des bons effets de cette influence inévitable, en s'asssurant que les citoyens chargés de l'exercer, auront désormais toutes les connoissances et qualités nécessaires, pour concourir sciemment à l'Education Physique et Morale des jeunes gens, ferme espoir de la Patrie.

Les Cours d'étude des Ecoles Centrales, nous fournissent à cet égard, tous les moyens qu'il soit possible ou convenable de mettre en usage. En effet, puisque les Professeurs d'Economie animale, et de Logique, donneront des traités raisonnés de l'Education physique, Morale et intellectuelle des Enfans, pourquoi les citoyens appellés par leur état à concourir, par le fait, à cette œuvre importante, ne seroient-ils pas invités à venir assister à ces Cours, et à les suivre, au moins une fois, tous les deux, dans l'espace, par exemple, de 5 ans ? et alors pourquoi ne pas statuer qu'au bout de cet intervalle, nul citoyen ne pourra être reçu Maître de Pension, ni rester tel dans toute l'étendue de la République, à moins qu'il n'en ait été reconnu capable par l'Ecole Centrale de l'Arrondissement, dont les Professeurs dénommés, et le Conseil ordinaire l'examineront, conjointement avec le Juri d'Instruction, en présence de Fonctionnaires Civils, et d'après des formes prescrites à ce sujet ?

La nécessité de ces examens, et des diplômes analogues, doit être étendue aux Maîtresses de Pension, d'autant plus que cette précaution salutaire est peut-être le seul moyen praticable de faire participer le sexe aux lumières acquises sur l'art précieux d'élever l'enfance, doux fruit de ses entrailles. Nous ne parlons point des Ouvrages Elémentaires, qui pourroient être composés pour les personnes du sexe. Si nous parvenons à en avoir pour nous, ne seront-ils pas aussi pour elles ? (*)

(*) Extrait du *Triomphe du Nouveau Monde*, (T. II. p. 52.) concernant les principes à suivre pour la formation des *Livres Elémentaires*.

» La nature de l'esprit humain veut qu'on ne présente d'abord aux enfans que des objets sensibles ;

Quoique les Ecoles Spéciales pour le Génie, l'Artillerie, la Marine, la Médecine, ne soient point entrées dans notre plan, tout ce que

---

qu'on les conduise toujours du connu à l'inconnu ; par une marche uniforme, proportionnée à leurs facultés natives et croissantes.

» La plupart des erreurs des hommes venant des fausses idées qu'ils attachent aux mots, et ceux-ci n'étant d'ailleurs par leur nature, que les signes de nos idées, c'est, selon nous, un devoir essentiel de faire acquérir aux Elèves, des idées des choses, avant de leur apprendre les mots qui expriment ces idées ; observant de ne passer aux idées intellectuelles et aux figurées, qu'après avoir fait connoître le sens propre et pour ainsi-dire *physique*, de ces mêmes idées.

» Les connoissances qu'acquiert un enfant, se graveront dans la mémoire d'une manière à-peu-près ineffaçable, si l'on a soin de les y placer suivant une liaison bien caractérisée : pour cet effet, il faut d'abord étudier la filiation naturelle des idées, leur génération fixe ou mutuelle ; puis arranger toutes les notions à donner aux Elèves, dans un tel ordre, que l'une d'entre elles, quelle qu'elle soit, puisse aisément donner ou recevoir le branle, et que de proche en proche, elles forment une chaîne susceptible d'être parcourue par leur intelligence croissante, à-peu-près comme les marches d'un escalier, par leurs pieds plus ou moins forts.

» Au moyen de ces principes fondés sur la nature de l'esprit humain, on conçoit qu'il seroit facile de former des *Livres Elémentaires*, capables d'orner sinon nous

nous

nous venons de dire des Maîtres et Maîtresses de Pension, s'applique évidemment aux Pensions des Elèves de ces sortes d'Ecoles, ainsi qu'à toutes les espèces de Pension de jeunes gens, qui existent ou qui pourroient se former dans toute l'étendue de la République.

Sur l'enseignement des Ecoles Primaires.

La Constitution a voulu que tout citoyen français sût lire et écrire. Des Lois subséquentes ont exigé la connoissance des 4 règles d'Arithmétique, de la Constitution Française, et de la Morale Sociale.

---

gulièrement l'esprit des Elèves. Mais l'influence des connoissances de l'homme sur sa conduite, sur son caractère, sur ses maximes pratiques, nous ordonne de ne point nous borner à ce premier objet, de penser à en remplir en même-tems un autre, le plus important de tous, qui est de tellement combiner les circonstances où nous les placerons, avec la nature du cœur humain, que toutes les idées qui entreront dans leur esprit, soient propres, ou à leur inspirer des sentimens de vertu, ou à les y préparer innocemment, en ouvrant peu-à-peu leurs jeunes cœurs aux affections tendres, en développant par degrés leur intelligence, en meublant leur mémoire de connoissances utiles. »

Personne ne trouvera sans doute que ces objets d'instruction aient besoin d'être réduits, ou qu'ils doivent être absolument augmentés : ce seroit oublier qu'il s'agit ici d'un Peuple Agricole, Manufacturier, Navigateur, Commerçant, et composé de plus de 40 millions d'Individus, dont la majeure partie est constamment livrée à des occupations laborieuses, qui ne lui laissent aucun moment de loisir, à l'exception des jours de repos public. Mais si ce Peuple immense, laborieux et frugal, a besoin de son tems pour faire honneur à ses travaux, n'a-t-il pas besoin aussi de conserver sa Liberté acquise au prix de tant de périls, de privations, de sacrifices; n'a-t-il pas besoin aussi de continuer à soutenir la Gloire à laquelle ses exploits militaires ont élevé par-tout le nom Français, aux yeux de l'univers étonné?

D'ailleurs la Constitution Française et la Morale Sociale peuvent-elles être expliquées et entendues suffisamment, dans des Ecoles composées d'enfans tous jeunes encore, et d'âge néanmoins différent ?

Concluons de ces considérations diverses, qu'il est indispensable, d'une part, de faciliter aux Elèves des Ecoles Primaires, l'intelligence des objets que la Loi leur enjoint de connoître; et d'autre part, de découvrir un moyen de fortifier ce premier degré, ou ce minimum d'instruction, dans tous ceux, aumoins, qui seront dans le cas d'influer un jour, par leur conduite et leurs paroles, sur la Gloire du nom Français, soit dans un poste public ou élevé quelconque, soit chez les Peuples étrangers (*).

L'ouvrage ordonné tout récemment pour les Ecoles Primaires, est un de ceux dont nous avons encore ici besoin; et il remplira sans doute son utile but, en embrassant les objets de l'enseignement primaire, de manière à faire servir les uns de préparation à l'intelligence des autres, et à renfermer dans la totalité, la part d'instruction qui doit suffire à l'universalité des citoyens jouissant de leurs droits politiques, sans cesser de demeurer circonscrits dans la sphère de leurs occupations particulières. Mais ceux de ces citoyens, qui ne pourront point fréquenter les Ecoles Centrales, et aspireront néanmoins à la Gloire d'être appellés à des fonctions publiques, ou à voyager sur mer, ou à aller travailler chez l'étranger, ne devront-ils pas pouvoir, comme

(*) Cet écrit a été composé et livré à l'impression en l'an 6; il auroit paru au commencement de l'an 7, si le premier Imprimeur qui s'en étoit chargé eût pu remplir ses engagemens.

à leur gré, se munir des connoissances nécessaires pour des destinations élevées, où le défaut de lumières analogues, pourroit les exposer à se trouver compromis en leur qualité d'homme, de citoyen, de français ?

Pour parvenir à ce nouveau résultat, il faudra d'abord faire réunir dans un petit volume, un choix de notions élémentaires, faisant suite à celles des Ecoles Primaires ; ordonner après que cet écrit sera expliqué les Décadis de six mois de l'année à perpétuité, et fixer une époque un peu éloignée, après laquelle nul des jeunes citoyens actuels ne pourrra être nommé à aucune fonction publique, ni de la part du peuple, ni de la part du Gouvernement, ou par leurs Agens respectifs, ni obtenir de passeport pour l'étranger, à moins qu'il ne présente un certificat en forme probante, constatant qu'il a été examiné et reconnu suffisamment instruit des connoissances renfermées dans l'ouvrage précité. Mais observez qu'il ne s'agit pas maintenant d'entrer dans de plus grands détails sur les modes d'exécution, que vous êtes sûr de rattacher en tems et lieux, aux autres institutions, et qu'il faut, avant tout, vous occuper des moyens de faire rédiger *le Manuel des Adolescens*, dont vous prévoyez l'usage, et reconnoissez l'utilité.

Cette production devra être marquée à trois caractères principaux, et produire sur-tout trois grands effets. Le premier sera de munir les jeunes citoyens, des lumières nécessaires pour les mettre à jamais en garde contre les idées superstitieuses ; sur quoi nous pensons qu'un abrégé historique, composé dans les vues de notre nouvelle méthode, et enrichi de quelques notions élémentaires de Physique, choisies avec discernement, seroit propre à détruire de fond en comble tous les vieux restes de préjugés politiques et superstitieux, et à assurer à tous nos concitoyens, le premier et les plus nécessaire de tous les bienfaits de ce genre, celui des lumières destructives de l'erreur.

Le même écrit devra donner une idée de l'organisation et de l'Administration générale de la République, dans les diverses branches du service public, ensorte que les jeunes gens y apprennent à connoître, à aimer leurs devoirs comme résultant de l'exercice de leurs droits, et à considérer les fonctions publiques, comme des témoignages de confiance, dont celui là seroit indigne, qui n'auroit pas les talens nécessaires pour en remplir les devoirs inséparablement attachés à toute fonction publique ; attendu que depuis la plus facile à remplir jusqu'à la plus pénible, elles ne sont toutes établies que pour l'intérêt national, et jamais pour la satisfaction particulière de ceux qui en sont revêtus.

Le troisième caractère, qui devra distinguer le Manuel des Adolescens, ce sera de présenter des connoissances relatives aux divers peuples de la terre, mais tellement choisies et circonscrites, que les droits communs à toutes les Nations, (*) et les lumières destructives des préjugés, en deviennent les principaux résultats destinés eux-mêmes à fortifier, à confirmer les jeunes gens dans la persuasion où les laissera cette étude, que l'immense étendue des sciences, ne peut être parcourue ni en un clin d'œil, ni par un grand nombre de personnes, mais qu'il suffit au bonheur de l'homme, de bien savoir son état, et de s'en occuper de manière à mériter la confiance de ses concitoyens, et à jouir toujours de sa propre estime.

Assez instruits alors pour se douter aumoins de leur ignorance, on ne les verra point s'exposer légèrement à compromettre leur fortune, leur tranquillité, la réputation de leur famille, et peut-être la prospérité nationale, ou la gloire même du nom français, en acceptant des places

---

(*) Voyez l'observation qui termine le huitième point de vue.

ou en faisant des entreprises, auxquelles ils chercheront au contraire à se rendre d'abord propres par l'acquisition des lumières analogues ; et qui doute qu'une telle façon de penser, rendue comme une émanation annuelle de tous les Cours d'enseignement public, et devenue bientôt générale parmi nos jeunes citoyens, ne soit capable de retremper, pour ainsi dire, le Génie national, de le rendre à jamais plein de force, de prudence, de justesse, de solidité, et d'une énergie aussi impérissable, que l'amour de la Liberté dans le cœur de l'homme ?

AVIS

Sur le Point de Vue suivant.

Nous invitons ceux de nos Lecteurs qui ne seroient pas déjà très-familiarisés avec le sujet du douzième point de vue, à commencer par le Ch. I.er (p. 182), *Précis des premières études*, les considérations après lesquelles il se trouve ici transporté, devant alors céder la première place, et être elles-mêmes rejettées à la fin.

XII.e ET DERNIER POINT DE VUE,

Relatif à la connoissance de l'esprit humain.

On a vu que si la théorie des facultés intellectuelles, étoit nécessaire au succès de l'Instruction Publique, elle ne l'étoit pas moins au perfectionnement de l'Organisation Sociale; et si l'on rapproche maintenant les objets d'étude de l'art de penser (p. 149), des questions insérées dans le huitième point de vue (p. 87), on demeurera convaincu de deux grandes vérités, malheureusement trop méconnues jusqu'à ce jour, savoir, l'importance des avantages attachés à l'enseignement de la théorie de l'esprit humain, et l'utilité des conséquences dont doit être un pareil enseignement, pour l'amélioration successive du sort de l'espèce humaine.

On me demandera peut-être si je puis espérer que les matières du Cours de Logique, seront traitées dans le sens nécessaire, pour conduire à la solution directe des questions proposées; et comment le Professeur pourra présenter ses Leçons sous un rapport aussi intéressant, lorsque les plus grands Méthaphysiciens ne s'en sont point eux-mêmes occupés ?

Je réponds d'abord que le point de vue où se sont touvés placés les plus célèbres Investigateurs de l'esprit humain, ne leur a point permis de traiter cette étude, sous le rapport qui doit aujourd'hui la caractériser. La position où étoient ces Ecrivains, leur a fait un devoir de détruire plutôt que d'édifier. Ils ont dû renverser des phantômes d'erreurs, avant de fonder le système des facultés intellectuelles. Ils ont dû attaquer par parties l'immense champ des préjugés, et commencer l'attaque par le côté le plus foible, le plus essentiel à remporter. Le premier, le principal but de leurs travaux a donc dû être, et a été en effet, de détruire le système des idées innées.

Or ce système fameux, soutenu alors par le parti théologique, et étayé des suffrages de l'immortel Descartes, croira-t-on qu'il fût possible de l'attaquer, le renverser et le détruire, sans être signalé comme un Auteur dangéreux, un Ecrivain à paradoxes, une tête exaltée, dont les productions devoient être dédaignées par tous les personnages de bon sens, ainsi qu'elles étoient hautement méprisées par ceux qui tenoient alors dans leurs serres le sceptre de la pauvre raison humaine ? Cette prévention une fois propagée par les Dominateurs du siècle, les lecteurs vulgaires ont dû qualifier au moins de purs systêmes les écrits les plus célèbres du même genre; bientôt la foule en a ainsi jugé sur parole, sans se donner la peine de les lire; et de proche en proche il est arrivé qu'une multitude innombrable de personnes sont encore aujourd'hui imbues de cette fausse opinion. Et voilà comment il se trouve que malgré les ouvrages des immortels Bacon, Loke, Bonnet, Buffon, Helvétius, Condillac, etc., une portion du monde lettré lui-même, semble encore rester volontairement étrangère à la science des leviers de l'esprit humain : science néanmoins aussi nécessaire, j'ose le dire, aux progrès supérieurs de l'esprit, que la théorie des leviers matériels a été nécessaire aux progrès transcendans de la mécanique.

J'observe en second lieu qu'il a fallu être en possession des matériaux, avant de songer à les mettre en œuvre : il a fallu que les nombreuses ramifications de la science fussent connues, avant qu'il fût possible de la démontrer dans ses premiers élémens; et quelque immenses que soient les services rendus au progrès des lumières, par les divers Scrutateurs de l'entendement, aucun d'eux, qui me soit connu, n'a enrichi l'Etat Social d'un ouvrage propre à produire les effets régénérateurs dont il s'agit.

En effet, Bacon qui a si bien vu les diverses causes des erreurs, a tracé une route qui n'étoit praticable, de son tems, que pour la Physique et les Sciences d'Histoire Naturelle. Pour refaire, comme il le demandoit, l'entendement humain, il falloit commencer par le connoître; et sa division en trois facultés, prouve qu'il étoit loin d'avoir fait ce genre de découvertes.

Locke a le premier, que je sache, expliqué la génération des idées, il a montré l'abus des mots et l'usage qu'on en devoit faire; il a marqué, pour ainsi-dire, les bornes de l'entendement; mais il n'en a fait qu'une analyse imparfaite; il manque d'ailleurs d'ordre, tombe dans de fréquentes répétitions, et n'est pas toujours clair, ni même très-exact.

Condillac a la gloire d'avoir complété l'analyse des facultés intellectuelles. Il a cherché l'origine des opérations de l'âme; il a fait voir qu'elles n'étoient, de même que les idées, que la sensation transformée; il a prouvé que l'évidence de raison consistoit uniquement dans l'identité, et que la liaison des idées étoit le vrai principe de l'art de penser. Mais ce Philosophe a, ainsi que Loke, attaqué en face, la chimère des idées innées; et le ton systématique, qui règne plus particulièrement dans ses ouvrages, a dû achever de laisser subsister, contre ses découvertes, la prévention fâcheuse dont j'ai déjà remarqué la filiation naturelle et les funestes effets. Je ne parlerai point ici des autres Métaphisiciens, non plus que des différents bons esprits dont les observations, les expériences, les travaux en tout genre, ont créé, depuis deux siècles, un nouveau domaine à la pensée de l'homme, en créant ces sciences exactes, parvenues successivement à des degrés de perfection, qui feront à jamais la gloire de l'intelligence humaine. Il me semble que les seuls ouvrages de Bacon, Loke et Condillac, représentent les trois périodes principaux, par lesquels l'esprit humain devoit graduellement passer, avant de parvenir à la hauteur d'où il découvriroit l'immensité de ses richesses. Il falloit, avec les instrumens recommandés par Bacon (l'observation et l'expérience) perfectionner et inventer, pour ainsi dire, les Sciences Physiques; il falloit connoître l'origine des idées, avec Loke, et complèter la Théorie de l'entendement avec Condillac, avant, et de mettre à l'écart les ingénieuses fictions des statues, et de réduire en un seul corps de doctrine, toutes les vérités relatives à l'intelligence de l'homme.

Comment d'ailleurs une telle entreprise

auroit-elle pu s'exécuter, au milieu des chaînes politiques et superstitieuses, sous les poids desquelles l'esprit humain gémissoit de toutes parts, avant la révolution française? c'est donc à l'époque actuelle qu'il étoit réservé d'envisager de front une refonte, pour ainsi dire, universelle de l'entendement, sans être effrayé par la crainte des clameurs ou des persécutions. C'est lorsque le génie belliqueux du Français, enflammé par l'enthousiasme de la Liberté, lui auroit fait franchir les obstacles les plus invincibles, que son amour de la vérité devoit à son tour le faire planer au-dessus du nuage des préjugés et de l'erreur, pour pénétrer dans le sanctuaire auguste où s'élaborent toutes les connoissances humaines. Mais que cette belle perspective ne nous fasse point oublier les inconvéniens attachés au funeste esprit de système, qui seul a si longtems nui à la propagation des vérités les mieux démontrées, dans les ouvrages des plus grands Métaphysiciens! car il n'est pas sûr, osons le dire, que les dix ans de révolution, qui ont changé la face de tant d'Empires, détruit tant de préjugés nationaux, révélé aux peuples tant de vérités importantes, auront aussi épuré les opinions des individus. La loi qui fixa, il y a quatre ans, les genres d'études des Ecoles Centrales, n'est-elle pas une preuve des tristes restes de cette vieille prévention ? Et à quelle autre cause donc pourroit-on attribuer le phénomène, par lequel il est arrivé, que la France libre a paru proscrire de son enseignement public, l'art de penser, c'est-à-dire, l'art précisément dont le succès et les progrès ne peuvent faire pâlir que les tyrans, et qui doit, à ce titre, y être cultivé avec le plus grand soin ? (*) Est-il un philosophe attentif à observer la marche des préjugés, qui n'ait pas vu dans tous les tems, et qui ne rencontre pas encore tous les jours, des

(*) La Convention, à qui on fit rendre cette loi, en avoit auparavant proclamé une autre contenant un plan beaucoup plus complet, nommément un Cours de la Méthode des Sciences, ou Analyse des Sensations, des signes et des idées, comme elle avoit aussi formé une Ecole Normale, où elle avoit appellé des Elèves de toutes parts, afin de régénérer à la fois toutes les branches de l'Enseignement National, et concourir efficacement à la propagation des lumières. Si la prévention et l'impéritie de quelques individus ont empêché de recueillir le fruit de ces grandes vues, il est consolant de reconnoître au moins, que les Fondateurs de la République n'ont pas été au-dessous des brillantes conceptions, qui pouvoient et peuvent le plus concourir à la régénération de l'esprit public, au raffermissement du régime républicain, aux progrès des facultés intellectuelles, et à l'amélioration successive de l'espèce humaine.

preuves certaines de la cruelle lenteur avec laquelle se dissipent les illusions en matière scientifique et de pure opinion ? Il n'est donc pas douteux que pour faire cultiver avec fruit la connoissance de l'esprit humain, il ne soit nécessaire de tracer une marche qui réunisse entre autres avantages, celui d'éviter l'espèce d'écueil dont nous venons de parler.

Les précautions à prendre à cet égard sont d'autant plus sûres, qu'elles seront toutes à la seule disposition du Professeur. La première consistera à s'abstenir avec soin de citer, au commencement de son Cours, les Ecrivains qui lui auront frayé la route et montré la voie. Il s'appropriera leurs idées, leurs travaux, et autres analogues, ne s'occupant qu'à créér et faire découvrir la science à ses Auditeurs ; il renverra au dernier chapitre de son travail (celui de l'Histoire de la Science), à payer le tribut d'éloges dû aux premiers Auteurs des découvertes qu'il aura d'abord paru faire de lui-même. Par cet innocent artifice, il attirera à ses Leçons des Auditeurs de tout âge, ceux-ci ne voyant point leurs opinions choquées ni heurtées de front par l'annonce d'une doctrine contraire, prendront goût à un genre d'études qui leur dévoilera les ressorts de l'esprit humain ; ils referont, en s'amusant, le système de leurs connoissances acquises ; et ils rectifieront, presque à leur insu, leurs idées erronées ; avantage, d'ailleurs, qu'il est impossible d'atteindre autrement, que par une marche cachée, et des moyens indirects.

Si le Professeur commence au contraire son Cours par l'exposé des opinions des différens Métaphysiciens, et par présenter leurs savans systèmes sous des dehors brillans par des antithèses, des rapprochemens inattendus, qu'en résultera-t-il ? c'est que chez les uns il réveillera l'esprit de système ; chez les autres, il r'ouvrira les cent portes aux discussions interminables ; et chez tous il fera naître le doute, le septicisme, le dégoût, le mépris même de l'étude, sans qu'il lui reste peut-être aucun moyen de détruire par la suite la totalité de ces préventions.

Une deuxième précaution non moins essentielle que la première, et qui n'est qu'une conséquence de ce qu'on vient de dire, ce sera de passer sous silence toutes les questions oiseuses, enfantées par la curiosité ignorante, ou par la vieille manie scholastique. Celles de ces questions qui sont résolues par l'état actuel de la science, ne devront paroître sur le lieu de la scène, qu'à mesure qu'elles y seront appellées par leur liaison naturelle avec les principes d'où découlera leur solution.

tion. De cette manière, l'Auditeur n'aura ni le loisir, ni la liberté, pour ainsi dire, de s'attacher aux difficultés; puisque dès l'instant où il en prendra connoissance, il les verra en même-tems dissipées par l'éclat des lumières avec lesquelles il sera préalablement familiarisé.

Les deux règles de conduite que nous venons d'indiquer, forcent naturellement de parler d'une troisième qui consistera à restreindre les leçons, dans les objets utiles et prouvés. Si la démonstration détaillée des bornes de l'entendement, munit à jamais de l'arme du ridicule contre les subtilités nées de la barbarie des siècles, la connoissance des vraies facultés de l'esprit de l'homme, présentera à son tour un champ assez vaste et pour le Professeur et pour les Elèves; et les uns et les autres s'y livreront avec d'autant plus de plaisir et d'empressement, qu'ils avanceront sans peine, et avec la certitude de parvenir au terme de leur magnifique carrière.

En vain craindroit-on que le plan de conduite proposé, n'enlevât les moyens d'ouvrir les Leçons de Logique, par des détails propres à piquer la curiosité. Ne restera-t-il pas au Professeur une moisson infiniment plus abondante à montrer, dans le progrès même des lumières? S'il parle à des personnes qui aient suivi les Cours qui dans notre système d'enseignement, doivent précéder le sien, il débutera par des rapprochemens curieux, auxquels il prouvera qu'il reste à ajouter la connoissance par excellence, celle qui expliquera l'origine, l'acquisition de toutes les autres, et mettra à même de diriger dans la recherche de nouvelles découvertes. Si ses Auditeurs ne sont point assez ou également avancés pour apprécier un semblable travail, il fixera alors leurs regards sur les premières observations d'où sont nées la Mécanique, l'Optique, l'Astronomie, la Physique expérimentale-raisonnée. Il développera, d'une manière proportionnée à leur portée actuelle, quelques portions de la Science immense de la nature, et inspirera le désir de connoître la route la plus prompte, la plus sûre à suivre pour s'emparer de ce qu'il y a de plus intéressant dans les divers genres de lumières acquises. Quelle mine féconde n'aura-t-il pas ici à exploiter, soit qu'il examine pas à pas le renouvellement, la création des Sciences, depuis les premières notions sur la pesanteur de l'air, jusqu'aux plus récentes découvertes de l'Astronomie, de l'analyse chymique; soit qu'il s'arrête à considérer la pensée, dans les moyens de la manifester, tantôt par le langage d'action, tantôt par les sons et les intonations de l'instrument vocal, dont le mécanisme mérite tant d'être connu; ailleurs, par la peinture des objets physiques, d'où l'écriture hiéroglyphique; plus loin, par l'écriture alphabétique, devenue la compagne de la plupart des langues parlées; et enfin par une langue écrite universelle, destinée à former un moyen unique de communication entre tous les peuples qui ont l'usage d'une langue écrite! (*) Que si l'on suppose ce dernier objet, ou même tous les précédens, trop au-dessus de la portée des Elèves, pour qu'il soit convenable d'en hasarder seulement un apperçu lointain, il restera toujours la ressource de prouver, par quelques exemples familiers, l'utilité de l'esprit d'observation, afin d'acquérir des connoissances réelles; et

---

(*) Je préviens les Professeurs qui désireront étudier la Pasigraphie, qu'il leur faudra moins de tems pour connoître suffisamment cette Langue-écrite, qu'il n'en faut pour apprendre seulement à lire la Langue Grecque. Ils trouveront qu'elle réunit la fécondité, les richesses de toutes les autres langues, sans avoir aucun de leurs défauts. Ils seront étonnés de voir combien elle contribuera à faire mettre de la justesse dans les idées, de la précision dans le langage; et à faire saisir l'arbre généalogique de toutes les Langues.

le Professeur annoncera alors rapidement les objets à parcourir avec certitude de succès, au moyen de cette importante boussole qui sera seule employée à éclairer sa marche.

Il résulte donc de ces diverses explications, que le plan de conduite indiqué, est dans tous les cas, un moyen praticable d'assurer le succès des Leçons de logique, c'est-à-dire d'un genre d'études essentiellement destructeur des préjugés et propagateur des vérités utiles. Quels plus puissans motifs de s'y attacher avec courage, sur-tout dans les premiers momens du combat qu'il faudra livrer, par surprise, à l'esprit de prévention? Ce plan est, si on pouvoit le dire, une espèce de chemin couvert dans lequel il faudra se tenir au commencement de l'attaque, de façon à donner le change à l'artillerie ennemie, sur la manœuvre par laquelle on s'en rendra maître, sans coup férir, avant de marcher ouvertement au corps de l'armée. Ainsi efforçons-nous de désigner cette précieuse ressource par des traits si sensibles, qu'il devienne impossible de ne pas la reconnoître. Et puissent les Maîtres de l'art suppléer à ce qu'il y aura encore de trop insuffisant dans notre esquisse!

Précis des premières études à faire pour parvenir facilement à la connoissance de l'esprit humain.

Le premier chapitre concernera les organes des sensations, ou plutôt les organes des mouvemens qui les occasionnent. Il sera restreint dans les développemens que le Professeur jugera intelligibles pour ses Elèves, et il pourra en conséquence être réduit au texte suivant.

(Chacun de nous peut aisément vérifier que la vue, l'ouie, le goût, le tact et l'odorat sont autant d'organes qui le mettent en relation avec ce qui est hors de lui.

Par la vue, nous distinguons les objets qui nous environnent, nous appercevons les globes lumineux qui ont été semés avec tant de profusion dans l'immensité des airs, nous jouissons de cette variété de couleurs qui embellissent les corps sur lesquels se portent nos regards.

Le tact nous apprend à juger de la pesanteur ou de la légèreté des corps, de leur dureté ou de leur mollesse, de leur fluidité, de leur élasticité, de leur température.

Les impressions de l'odorat nous affectent agréablement, ou nous mettent en garde contre tels et tels objets.

Le goût nous fait reconnoître les substances qui sont propres à contribuer à notre nutrition, et celles que nous devons repousser loin de cet organe.

L'ouie, enfin, nous met en communication avec tous les êtres animés, elle nous fait jouir de la mélodie des chants, elle nous fait compâtir aux accens plaintifs de l'être qui souffre, elle nous fait entendre avec délices le langage intéressant d'un bon père, d'une mère chérie, d'un ami sincère, d'une digne épouse.

II. Mais à quoi se réduit l'action propre aux organes des sens, lorsque les phénomènes de l'ouie, du goût, du tact, de la vue et de l'odorat, s'opèrent en nous? Par exemple, lorsque j'approche une violette de l'organe de l'odorat, à quoi se réduit l'action de cet organe, et comment arrive-t-il que je reçoive la sensation d'odeur de violette?

L'observation prouve que l'air qui environne une violette, forme au tour d'elle une Atmosphère odoriférante, et que cet air, en s'introduisant dans l'intérieur du nez, agit sur les fibres nerveuses qui le tapissent.

L'observation prouve encore que ces fibres nerveuses se rendent au cerveau; et j'en conclus qu'elles lui communiquent un certain ébranlement relatif à celui qu'elles ont reçu de l'Atmosphère odoriférante, parce que je ne conçois pas qu'un corps puisse agir sur un autre corps, autrement que par impulsion.

Voilà à quoi se réduit l'action propre à l'organe de l'odorat.

Mais la sensation d'odeur de violette, que j'éprouve à la suite de cette action, n'a aucune connexion nécessaire avec le mouvement que la violette a imprimé au nerf olfactif, et que celui-ci a transmis au cerveau. Cette sensation est une modification, une manière d'être de mon âme, un état distinct de tout autre état. Je ne puis pas douter de la réalité de cette modification, puisque j'en ai le sentiment. Mais j'ignore comment s'opère ce phénomène; je sais seulement qu'il a lieu à la suite du mouvement communiqué aux fibres nerveuses du nez, et qu'il en est une suite naturelle, comme ce mouvement est à son tour un avant-coureur du phénomène de la sensation.

Il en est de même des sensations que j'éprouve par les organes des autres sens. Les atômes ou corpuscules qui en émanent, agissent sur ces organes; ils leur communiquent du mouvement dont ils sont doués; et leur structure est telle, que ce mouvement se propage jusqu'au cerveau. C'est à quoi se réduit l'effet physique propre aux organes des cinq sens.

L'Anatomie a tenté en vain de découvrir dans le cerveau une partie qui fût le centre de toutes les impressions sensibles, le siége immédiat du sentiment ; la partie où tous les sens vont rayonner, n'est pas un *point* où leurs impressions aillent se confondre. Nous avons le sentiment distinct de plusieurs impressions simultanées ; et ce mouvement est toujours *un* et *simple*. Le *moi* qui éprouve les différentes sensations, les compare les unes aux autres, d'où il suit qu'il est *un*. Les mouvemens, au contraire, qui résultent de l'impression des objets extérieurs sur les organes des sens, sont plus ou moins multipliés, et sont par conséquent très-différens de la sensation qu'ils occasionnent, et du *moi* qui reçoit et compare chacune de ces sensations.

Ainsi les différentes sensations que j'éprouve à l'occasion des impressions que les objets font sur mon corps, ne sont point un effet physique et immédiat de ces impressions, mais seulement une suite naturelle de ces mêmes impressions qui à leur tour en sont l'avant-coureur naturel. Et l'action des organes des sens consiste à transmettre au cerveau les impressions ou mouvemens qu'ils reçoivent du dehors.

III. La sensation au contraire consiste dans la modification ou manière d'être que l'âme éprouve, à l'occasion des impressions que les organes des sens reçoivent et transmettent au cerveau.

Pour vous convaincre que la sensation n'est véritablement qu'une manière d'être, une modification de l'âme, représentez-vous un aveugle de naissance, qui n'a point encore éprouvé la sensation d'une espèce d'odeur, par exemple, de l'odeur de rose; et supposez qu'on approche de son odorat une rose, sans la lui laisser toucher, ni sans lui en parler. Que se passera-t-il dans cet aveugle-né, à mesure qu'il sentira pour la première fois l'odeur de rose? son âme sera affectée d'une manière d'être, d'une modification qui lui paroîtra agréable, mais il ne saura à quoi l'attribuer. Cependant il sentira qu'elle est très-réelle, et il la distinguera très-bien de toute autre sensation, quoiqu'il ne connoisse, par supposition, ni la couleur, ni la forme, ni le volume, ni le poids, ni même l'existence de la rose.

Puis donc que la modification d'odeur de rose suffit pour faire distinguer, et par conséquent, pour faire connoître la sensation de cette odeur, il s'ensuit que cette modification elle-même est ce qui constitue la sensation d'odeur de rose.

Si nous avons de la peine, nous autres

clair-voyans, à nous rappeller une rose, sans songer à la couleur et à la forme de la fleur, c'est parce que nous l'avons vue en même-tems que nous en avons senti l'agréable odeur; mais il est facile de concevoir qu'il n'en seroit point ainsi de notre aveugle de naissance : puisqu'il n'auroit, par hypothèse, ni vu ni touché la rose, ni rien entendu dire à ce sujet, mais qu'il auroit seulement reçu son doux parfum, et éprouvé une manière d'être agréable; il s'en suit que l'odeur de rose ne comprend et ne peut, pour lui, renfermer autre chose que cette modification.

Le souvenir de cette sensation ne seroit donc pas aussi étendu pour cet aveugle-né, que pour nous : il ne seroit pour lui que le souvenir d'une modification de son âme; et il seroit, ou plutôt il est pour nous, le souvenir de cette modification, en même-tems que la représentation de la rose; et comme la couleur, la forme d'une rose se représentent à notre mémoire avec beaucoup de facilité, il nous arrive souvent de ne pas remarquer que la sensation de cette odeur bienfaisante, n'a été qu'une manière d'être, une modification de notre âme. Pour remédier à cet inconvénient, j'ai supposé un aveugle de naissance, qui éprouvoit pour la première fois la sensation d'une espèce d'odeur ; et cette supposition peut d'autant moins paroître forcée, que les aveugles-nés, les sourds-muets, etc., sont comme autant d'expériences faites par la main de la nature sur l'homme pris partiellement ; d'où il suit que les résultats de ces sortes de suppositions, ont la même force que les résultats des expériences de Physique, et ne peuvent, sous aucun rapport, être comparés à la supposition d'une statue, parce que quelqu'ingénieux que soit l'examen qu'on en fera, le fait d'une statue animée sera évidemment pris hors la nature.

On conçoit qu'il seroit facile d'appliquer aux différentes sensations ce que nous venons de dire de la sensation d'une odeur de rose.

Ainsi, les sensations ne sont point un effet physique et immédiat du mouvement des organes. Elles sont des manières d'être, des modifications éprouvées par l'âme, à l'occasion des impressions que les objets font sur les organes des sens ; et il y en a de plusieurs espèces.

IV. Les unes ne sont que des modifications de l'âme, ou ne sont considérées que sous ce rapport, ainsi qu'on vient de le voir pour les sensations de l'odorat ; les autres, telles que celles du tact et de la vue, ont en même-tems la propriété de représenter à l'âme la forme, la couleur, la fluidité, la solidité, la distance des corps; et le souvenir de ces sensations devient de la part de l'âme, une image, une représentation de chacun de ces corps. Or le souvenir des sensations, considéré sous ce point de vue, s'appelle alors *idée*, c'est-à-dire, image, modèle, représentation; et il y en a aussi de plusieurs espèces.

On appelle *idée simple*, le souvenir des sensations qui ne sont que des modifications de l'âme, ou ne sont considérées que sous ce rapport : tel est le souvenir des sensations que nous avons éprouvées en goûtant des mets, en sentant des odeurs, en entendant des sons. Chacun de ces souvenirs, dépouillé d'image, est une idée simple, de même que chacune de ces sensations elles-mêmes, quand l'âme les éprouve.

Le souvenir au contraire des sensations représentatives des objets, forme ce qu'on appelle une *idée composée*. Telles sont les idées d'une orange, d'un serin, d'un pommier, etc., parce que chacune d'elles est à la fois le souvenir de plusieurs sensations qui co-existent ensemble dans notre esprit. L'idée d'orange, par exemple, est à la fois le souvenir du goût, de l'odeur, de la couleur, de la forme de ce beau fruit.

Les idées simples et les idées composées reçoivent, les unes et les autres, le nom d'*idées sensibles* comme étant le résultat immédiat des impressions que les objets sensibles font sur les organes des sens. On les nomme encore ainsi par opposition aux *idées intellectuelles*, qui n'existent que par une fiction de notre esprit, et dont nous nous occuperons dans un autre moment.

V. Il est des personnes qui s'imaginent qu'elles ont toujours éprouvé les sensations dont elles jouissent habituellement, et qu'elles ont toujours eu les idées qui leur sont familières. Rien de plus certain, cependant, que c'est là une pure illusion de leur part : en voici les preuves.

D'abord, il n'est aucun de nous qui ne puisse aisément se rappeller qu'il a été un tems où il n'avoit point encore une idée de l'odeur, par exemple, de telle fleur qu'il a vue et flairée, pour la première fois, dans un tel jardin ; qu'il en est de même pour la saveur et la couleur de tel fruit qu'il a mangé, pour la première fois, chez un ami ; qu'il en est de même encore pour le cri ou les mugissemens d'un tel animal qu'il a vu et entendu, pour la première fois, dans tel endroit ; et ainsi de suite pour une multitude d'autres objets.

Or que s'est-il passé au moment où vous

avez, pour la première fois, vu et goûté un tel fruit, flairé une telle fleur, entendu le mugissement d'un tel animal ?

Chacun de ces corps a agi sur l'organe de vos sens, et aussitôt vous avez éprouvé la sensation analogue d'une saveur, d'une odeur, d'un son ; et cette sensation, considérée comme existant par le souvenir dans votre esprit, est l'idée sensible que vous avez acquise alors de chacun de ces objets.

Voulez-vous trouver dans vous une seconde preuve de la même vérité ? essayez de vous former une idée du goût, de la couleur, de l'odeur d'un fruit que vous ne connoissez pas du tout, ou seulement de nom, tel qu'un *ananas*, une *jujube* ou autre ; et vous verrez que pour acquérir ces idées, il faudra commencer par avoir les sensations correspondantes, par l'organe de vos sens. Si vous vous bornez à en demander une explication, elle ne suppléera que très-imparfaitement aux sensations sur-tout du goût et de l'odorat : on n'essayera même à vous les faire connoître, qu'en les comparant au goût et à l'odeur d'autres objets ; et on n'y réussira point, parce qu'on ne sauroit définir ni les sensations qui ne sont que des modifications de l'âme, sans être en même-tems représentatives, ni les idées simples qui ne sont elles-mêmes que le souvenir de ces modifications.

On pourra plus aisément vous faire connoître la couleur et la forme de ces fruits, en vous mettant sous les yeux ou en vous rappellant une couleur et une forme qui vous seront déjà connues. Mais remarquez que cette couleur et cette forme, qui vous serviront de point de comparaison, ne suppléeront pas aux sensations de l'odeur et de la saveur de ces fruits; et que pour acquérir véritablement ces deux idées simples, il faudra que vous éprouviez les sensations analogues.

Une troisième observation décisive, elle seule, sur la question dont il s'agit, c'est que les aveugles de naissance n'ont aucune idée des couleurs, et les sourds-muets de naissance, aucune idée des sons. Or pourquoi les premiers n'ont-ils aucune idée des couleurs? C'est qu'étant privés de l'usage de la vue, ils n'éprouveront aucune sensation de couleur; et qu'étant privés des sensations de couleur, ils ne peuvent avoir des idées qui ne sont elles-mêmes que le souvenir de ces sensations.

Les sourds-muets de naissance, n'ont aucune idée des sons, parce qu'étant privés de l'usage de l'ouie, ils n'éprouvent aucune sensation de son, et ne peuvent, par conséquent, avoir le souvenir de sensations qu'ils n'ont pas éprouvées.

Celui qui auroit le double malheur de naître aveugle et sourd-muet, n'auroit aucune idée ni des couleurs, ni des sons ; et si nous supposons que par surcroît d'infortune, il fût encore né privé de l'usage de l'odorat et du goût, il n'auroit non-plus aucune idée ni des odeurs, ni des saveurs.

Vous pouvez juger par ces exemples, des idées sensibles que nous devons aux organes des sens, et qu'il nous est impossible d'acquérir, lorsque ces organes ne reçoivent pas ou ne transmettent pas au cerveau les impressions qui d'ordinaire sont suivies dans l'âme, d'autant de sensations et d'idées.

Il est donc bien evident, d'après toutes ces preuves, ces observations, que nous avons acquis les idées sensibles que nous devons à l'usage des organes de nos sens, et que c'est par conséquent une erreur manifeste de supposer que nous ayons toujours eu les idées qui nous sont les plus familières.

VI. Ce qui a contribué à faire illusion à cet égard, c'est que la mémoire, même la plus heureuse, ne sauroit nous rappeller l'époque où nous avons commencé à avoir des sensations et des idées sensibles. Aussi cette époque remonte-t-elle aux premiers momens

de

de notre existence : les observations qui le constatent sont sans nombre : il est vrai que nous ne pouvons pas les vérifier en nous repliant sur nous-mêmes ; mais il ne tient qu'à nous de les vérifier avec autant de certitude, en fixant quelquefois nos regards sur cet âge tendre et intéressant par lequel nous avons tous passé.

Nous ne rappellerons point, avec tous les Médecins observateurs, qu'un enfant n'apporte en venant au monde d'autre faculté, que celle de sucer et que, même pour acquérir cette faculté, les organes de sa bouche se sont exercés, pendant plusieurs mois, dans le sein de la mère, à avaler la liqueur dans laquelle il y nageoit.

Il nous suffira de remarquer, avec les Observateurs Physiciens, 1.° que l'enfant qui vient de naître, apprend à voir peu à peu, qu'il commence seulement à distinguer les objets au bout d'une quarantaine de jours, et dès-lors à sourire bientôt à ses bienfaiteurs; mais qu'il lui faut plusieurs années pour apprendre à juger par ses yeux. Il vous sera facile, par exemple, de vérifier sur un enfant de quelques mois, qu'il lui semble que les corps existent au bout de ses yeux. L'histoire des aveugles-nés à qui on a abaissé les cataractes, ne laisse d'ailleurs aucun doute à cet égard, *témoin* l'exemple cité par Delametrie et par Condillac, (Traité des sensations, Part. 3., Ch. 5.)

2.° Les enfans apprennent pareillement à entendre et à distinguer les sons.

3.° Ce n'est qu'au bout d'une année, au plutôt, qu'ils commencent à distinguer les odeurs.

4.° Il leur faut plusieurs mois d'exercice, pour pouvoir empoigner et retenir les objets qu'on leur présente.

Il est vrai que les membres d'un nouveau né remuent avec une certaine mobilité; mais ce n'est alors que le sang, l'air extérieur, et les autres agens corporels, qui le font mouvoir. Cette espèce d'action de sa part, n'est alors qu'une suite naturelle et physique de la conformation de ses organes : ses désirs n'entrent point encore dans ce mouvement d'organisation; et quand ils y entrent, (ce qui arrive la première fois qu'il se rappelle avoir éprouvé une sensation plus agréable que celle qu'il éprouve actuellement), ce n'est qu'après bien des tentatives, qu'il commence a soutenir sa tête, à présenter ses mains, à les porter à sa bouche. Vous vous convaincrez aisément qu'il lui faut plus d'une année d'un exercice continu, pour remuer à volonté ses bras et ses jambes, et pour se soutenir dans sa marche.

On conçoit, au reste, que ces développemens doivent se faire avec plus ou moins de succès ou de difficulté, suivant que les organes sont bien ou mal constitués, et suivant qu'ils sont exercés d'une manière plus ou moins analogue à leur portée actuelle.)

Le professeur pourra accompagner ce dernier article des détails intéressans, fournis par l'Histoire Naturelle de l'homme sur le développement des organes des sens, et sur les premières sources de l'éducation physique-morale-intellectuelle. Il rapportera les observations des meilleurs Naturalistes, concernant les points les plus essentiels à connoître, tels que la première impression de l'air sur le nouveau né, la foiblesse et l'imperfection de ses yeux, le défaut de consistance dans tous les organes de ses sens, la nature de ses premiers cris et de ses premiers gémissemens, la diversité des premiers soins employés à le fortifier et à le conserver en santé, la nécessité de proportionner ces soins à la délicatesse de ses membres; les précautions à prendre pour l'organe de la vue, pour les autres sens et pour la nourriture; l'époque où les enfans commencent à bégayer et à se servir de leurs yeux ; les défauts du sens de la vue, et les erreurs que ces défauts produisent, les propriétés et l'étendue de l'organe de la vue, le degré de lumière nuisible à lœil ; les erreurs auxquelles le sens de l'ouie est sujet, l'action et les effets de l'organe de l'ouie ; la manière de suppléer à la privation de la vue et à celle de l'ouie ; les sensations produites par les organes de l'ouie, de la vue, du goût, du tact et de l'odorat, et la raison physique de leur différence ; la prééminence de la main pour l'organe du tact, et le prompt, le grand usage sur-tout, que les enfans en doivent faire.

L'explication des divers objets que nous venons d'indiquer, deviendra pour les Elèves un trait de lumière d'autant plus satisfaisant, que les premières leçons concernant les sensations et les idées, les auront mis à même de comprendre cette importante matière, beaucoup mieux qu'ils ne l'auroient pu, à l'ouverture du Cours. A son tour, cette même explication leur fournira la facilité de saisir, dans toute leur étendue, les notions désignées par les cinq premiers chapitres. Le Professeur aura donc alors l'attention de les résumer, et de faire les rapprochemens convenables, ensorte qu'il ne reste plus de doute possible à lever, sur les six chefs parcourus, savoir : les cinq sens et leurs fonctions, l'action propre aux organes des sens, le caractère de la sensation, celui de l'idée, soit simple ou composée, sensible ou intellectuelle; les preuves que nous n'avons pas toujours eu les sensations et les idées que nous avons, et enfin l'époque où chacun de nous a commencé à les avoir.

Ces six échelons devront immédiatement en supporter trois autres qui leur donneront un nouveau degré de solidité, en échange de celui qu'ils en recevront eux-mêmes. Il s'agira donc alors de faire voir comment le langage d'action est le premier signe de nos premières sensations, en quoi consiste le premier usage que nous faisons de l'analyse et de l'observation, et comment les mots deviennent signes de nos idées. Et voici encore à-peu-près quel pourra être le texte de ce nouveau sujet.

VII. (Les cris naturels, formés par un enfant qui éprouve, pour la première fois, les sentimens auxquels ces cris sont affectés, ne sauroient être des signes à son égard; car au-lieu de lui réveiller des sensations, ils n'en sont que des suites. Ces cris ne sont des signes que pour les personnes qui ont soin de lui. Mais lorsque cet enfant aura souvent éprouvé le même sentiment, et qu'il aura tout aussi souvent poussé le cri qui l'accompagne, l'un et l'autre se trouveront si étroitement liés dans sa mémoire naissante, qu'il n'entendra plus le cri, sans éprouver en quelque sorte, ou du moins, sans se rappeller le sentiment; et c'est alors que ce cri sera pour lui un signe.

Il est vrai que le langage d'action étant une suite de la conformation de nos organes, les premiers cris et les autres premiers signes en sont donnés par la nature; mais cela n'empêche point qu'il ne faille long-tems à un enfant pour parler ce premier langage; et il n'en est pas un seul sur lequel vous ne puissiez observer les expériences multipliées qui le lui font apprendre.

Une autre raison nécessite encore la multiplicité de ces expériences, c'est que l'enfant indique à la fois et l'objet qui l'affecte et les sentimens qu'il éprouve et le jugement qu'il porte; de manière qu'il ne met aucune succession dans ses idées. On les voit toutes à la fois dans son action, comme elles sont toutes à la fois présentes à son esprit. Aussi, tandis que sa mère peut l'entendre et l'entend d'un clin-d'œil, lui faudroit-il un long discours si elle vouloit le traduire.

VIII. Cependant il observe bientôt, que pour comprendre la pensée de sa mère, il a souvent besoin d'en remarquer tour-à-tour les mouvemens, et que pour se faire entendre lui-même, il a besoin de rendre ses mouvemens successifs. Dès-lors il s'essaye à décomposer ses sensations : il exprime son désir par une action, et montre d'un geste l'objet qu'il désire ; en même-tems les personnes qui l'observent, avec le dessein de comprendre ce qu'il veut, portent la vue et sur lui, pour y remarquer l'expression du désir, et sur l'objet pour remarquer ce qu'il désire ; et il obtient ce qu'il désiroit. Cette heureuse expérience le fortifie dans ses essais ; et il parvient, par degrés, à faire succéder ses mouvemens dans un certain ordre, propre à rendre ses sensations d'une manière plus distincte.

Lorsque les enfans commencent à bégayer, leur langage d'action est déjà un vrai langage artificiel, c'est-à-dire, une décomposition ou analyse plus ou moins imparfaite de leurs sensations.

Que si, au lieu d'enfans qui commencent à bégayer, nous en supposons qui aient eu le malheur de naître muets, nous verrons leur langage d'action devenir tous les jours plus artificiel, parce que tous les jours ils sentiront plus le besoin de présenter leurs perceptions dans un ordre successif, capable de les faire concevoir. Pour faciliter leurs analyses, ils imagineront de nouveaux signes analogues aux signes naturels ; et leur langage d'action finira par être beaucoup plus étendu qu'il ne sauroit l'être dans des enfans jouissans de l'organe de l'ouie.

Ainsi donc, premièrement, le langage d'action est, pour les enfans au berceau, leur première manière de faire connoître leurs sensations : tous apprennent ce langage avec plus ou moins de promptitude, et ceux qui en ont long-tems besoin, le cultivent souvent avec assez de succès, pour le convertir en une véritable méthode analytique. Mais chez les uns et chez les autres, les premières sensations précèdent les premiers cris, les premiers gestes, qui n'en sont évidemment que la suite ou l'expression naturelle ; et ces cris, ces gestes, ne deviennent, pour les enfans, un signe de pareilles sensations dans autrui, qu'après avoir été reconnus par eux pour signes de leurs propres sensations.

Deuxièmement, un enfant au berceau ne parvient à se faire entendre, qu'en parvenant à exprimer ses sensations par des cris ou des mouvemens successifs, c'est-à-dire, qu'en parvenant à décomposer ses sensations ; car auparavant on le devine plutôt qu'on ne l'entend; d'où il suit que cette décomposition, ou analyse, est nécessaire pour les manifester au dehors. Mais cette analyse elle-même, le besoin et l'observation peuvent seuls lui apprendre à la faire, de manière au moins à être entendu des personnes qui ont soin de lui.

L'observation et l'analyse sont donc les deux premiers maîtres, que le besoin donne à un enfant, pour lui apprendre à exprimer ses sensations. Les cris, les gestes et tous les autres signes du langage d'action, loin de précéder dans lui l'existence des sensations, ne peuvent eux-mêmes être employés, à dessein, que par le secours de l'observation et de l'analyse.

C'est par l'observation qu'un enfant apprend à distinguer sa mère, sa nourrice, de toute autre personne. S'il se trompe en croyant la voir de loin, cette expérience lui apprend à mieux l'observer une autre fois, afin de mieux la reconnoître et de ne plus retomber dans la même erreur. En continuant ainsi d'observer et de vérifier ses observations par de nouvelles observations, il acquiert peu à peu les diverses notions qui lui sont nécessaires relativement à ses besoins naissans. Cette méthode, qui lui est donnée par la nature, le sert admirablement bien, tandis qu'il ne parle encore que le langage d'action. Voyons-le maintenant commencer à parler le langage des sons articulés.

IX. En entendant plusieurs fois prononcer un mot à la vue d'un objet, les enfans s'accoutument insensiblement à lier l'idée du mot à celle de l'objet. Cette liaison une fois formée, les deux idées se rappellent réciproquement; le mot devient signe de l'objet, et l'objet donne lieu de rappeller le mot.

Mais les enfans ne se bornent pas à ouir des sons articulés, et à les prendre pour signes d'idées; comme ils rendent eux-mêmes des sons, ils cherchent à imiter les sons qu'ils entendent prononcer; voyez-les fixer leurs yeux sur celui qui parle, observer les mouvemens de ses lèvres, tâcher d'imiter ces mouvemens, réitéror leur essais, et saisir enfin le mot chéri *maman!* Le plaisir qu'ils en ressentent, les engage à répéter ce mot une multitude de fois. Déjà ce premier pas dans le langage a été suivi d'un second. La formation d'un mot facilite celle de tous les mots analogues; une modification de la voix conduit aux modifications voisines; les idées et leurs signes se multiplient; la mémoire s'exerce et se fortifie; et les enfans parviennent en peu d'années à nommer tout ce qu'ils voient continuellement au-tour d'eux. Heureux alors ceux à qui les parens ont l'attention de ne faire apprendre des mots, qu'après leur avoir montré, ou en leur montrant les objets physiques dont ils sont le signe, et en observant toujours de bien déterminer l'idée ou les idées attachées à ces mots ! car c'est ici que commence la grande influence des signes sur les idées. Cette influence est utile, toutes les fois que l'idée désignée par le signe, est déterminée avec précision, de manière que ce signe la leur rappelle exactement et qu'il suffise pour la leur retracer. La même influence, au contraire, est dangéreuse, toutes les fois qu'ils apprennent un mot ou un autre signe, sans avoir conçu auparavant, ou sans concevoir, du moins en même-tems, la pensée que ce mot doit réveiller en eux.

Mais pour être en état de bien comprendre les étonnans effets de cette influence inévitable, il faut déjà connoître l'origine des principales idées intellectuelles.

X. La première fois que vous montrez et que vous nommez à un enfant un arbre, un oiseau, un poisson, chacun de ces mots est pour lui le nom d'un individu. Lorsqu'il verra un second arbre, un second oiseau, il rendra le même nom commun à deux individus. Il le rendra commun à trois, s'il en voit trois, à quatre, s'il en voit quatre; et enfin il le rendra commun à tous les individus qui lui paroîtront ressembler au premier individu qui lui aura été nommé; en sorte que ce nom exprimera pour lui une idée générale, applicable à tous les individus du même genre. La raison en est qu'il doit naturellement se servir du même nom, tant qu'il n'aura pas de motif d'en chercher un nouveau.

Voulez-vous lui donner promptement un pareil motif? menez-le dans un verger où il puisse cueillir et manger différentes espèces de fruits, et vous le verrez bientôt distinguer les arbres, en poiriers, pêchers, cerisiers et autres. Donnez-lui des poissons de différente grosseur, et il distinguera bientôt les poissons, en carpes, goujons, anguilles et autres.

Or remarquez ici trois choses également essentielles et incontestables :

La première, c'est que les idées de cet enfant commencent par être individuelles.

La deuxième, c'est que d'individuelles elles deviennent tout-à-coup aussi générales qu'il soit possible.

La troisième, c'est qu'il les distribue ensuite dans différentes classes, suivant qu'il a besoin de les distinguer.

Il est impossible de méconnoître que c'est là l'ordre naturel de leur génération. On a donné à ces classes le nom de genre et d'espèce. L'on comprend sous le nom de *genre*, les classes générales, et sous le nom d'*es-*

pèce, les classes particulières : par exemple, les carpes, les goujons sont des *espèces*, par rapport à poisson ; et poisson est un *genre* par rapport aux carpes et aux goujons.

Mais il est à observer que poisson, qui est un *genre* par rapport aux différentes espèces de poisson, devient une espèce par rapport à *animal*, mot qui embrasse dans son idée ou acception ou genre, ce qu'ont de commun et les poissons, et les quadrupèdes, et les oiseaux, etc.; d'où il suit que les idées individuelles sont les seules fixes, et que les idées générales ou de genre, et les idées particulières ou d'èspèce se subdivisent en plus ou moins de classes, à proportion que nous avons fait plus ou moins de collections d'idées, et acquis avec ordre un plus grand nombre de connoissances.

On demandera sans doute ce que sont les idées générales, et ce qu'elles représentent, puisqu'il est démontré que les sens ne nous offrent que des individus.

Les idées générales représentent ce que nous voyons de commun dans les individus mêmes, et rien de plus. Par exemple, l'idée générale d'homme représente ce que nous voyons de commun dans un individu, dans un second, dans un troisième, etc.; mais ces idées ne représentent rien au-delà. Elles sont, à proprement parler, des noms donnés aux classes que nous avons faites, à mesure que nous avons senti le besoin de distribuer nos connoissances avec ordre. Par où l'on voit que former une classe de certains objets, n'est autre chose que donner un même nom à tous ceux que nous jugeons semblables. Si de cette classe nous en formons ensuite un plus grand nombre, nous ne ferons encore autre chose que choisir de nouveaux noms pour distinguer les objets que nous jugerons différens; mais il est évident que ces noms ne seront les noms d'aucune chose existante en général, puisqu'il n'y a que des individus; car il n'existe point d'homme en général, point d'arbre en général, point de poisson en général; et encore une fois, ce n'est que la dénomination générale ou le nom, le signe général, qui existe réellement dans notre mémoire. Les noms généraux n'expriment donc que les vues de notre esprit, qui a considéré les choses sous des rapports de ressemblance ou de différence, et a mis, par cet artifice, de l'ordre dans nos idées.

Voilà comment les idées générales n'existent que par une fiction de notre esprit, et sont du nombre de celles qu'on appelle, pour cette raison, idées intellectuelles.)

Ici le Professeur montrera l'utilité dont l'invention des genres et des espèces a été à ses Elèves, dans les cours d'étude qu'ils auront précédemment parcourus; et sans paroître s'occuper d'autre chose, que d'appliquer les principes établis, il refera avec eux le système de leurs connoissances acquises, relativement à la nomenclature de tous les êtres physiques connus.

Après ce travail, il passera aux qualités diverses des corps, pour l'étude desquelles l'art est également venu au secours de l'homme, en créant encore des mots propres à peindre les grandes masses d'idées

Si nous considérons donc les qualités des corps, sans penser aux corps mêmes que ces qualités modifient; par exemple, si nous considérons la blancheur, la rougeur comme séparées des corps blancs, rouges; ces nouvelles idées prendront le nom d'*idées abstraites*, d'un mot latin *abstrahere*, qui signifie séparer de, à cause que le blanc et le rouge sont alors envisagés séparément de la substance à laquelle nos jugemens les attribuent.

Je dis *à laquelle nos jugemens les attribuent*, parce qu'en effet la plupart des hommes, accoutumés de bonne heure à se dépouiller de leurs sensations, pour en revêtir les objets, ne se bornent pas à savoir qu'ils ont des sensations; ils jugent encore qu'elles sont hors d'eux; mais cette erreur n'est que dans les jugemens dont ils se sont fait une habitude. Le Professeur aura détruit la cause de ces jugemens erronés, en accoutumant ses Elèves à ne regarder les sensations que comme des modifications de l'âme, éprouvées à la suite d'impressions faites sur les organes des sens, par les objets extérieurs (Ch. III); et il les aura ainsi exercées à ne voir dans les sensations, que ce qu'il y a de connu.

Il continuera pareillement de leur faire distinguer les idées sensibles des idées intellectuelles, les idées qui supposent des objets extérieurs des idées qui n'existent que par une fiction de notre esprit; de cette manière il leur fera contracter l'heureuse habitude de ne point conclure des idées sensibles au-delà de ce qu'elles renferment de réel, et de ne donner aucune réalité aux idées générales qui n'ont aucun modèle, ni dans la nature physique, ni dans l'Etat Social. Il leur développera la génération, la formation des idées de substance, d'étendue, d'espace, d'infini, de corps, matière, être, solide, existence, durée, ordre, Dieu, Etre-Suprême, nombre, priorité, possibilité, etc., etc., etc.

Il leur fera voir comment la fluidité, la dureté, la molesse, l'élasticité, etc., sont aussi

aussi des idées abstraites que nous avons formées, en considérant ces qualités séparément des substances qui nous ont fait éprouver à cet égard les sensations analogues.

Les corps sont terminés par des surfaces courbes, régulières ou irrrégulières. Les surfaces planes sont terminées par des lignes droites ou angulaires ; ces lignes par des points, etc. Or ce sont ces idées de ligne, de surface, etc., etc., considérées séparément des corps auxquels nous les avons d'abord rapportées, qui ont donné naissance aux idées abstraites de la Géométrie et des Sciences nombreuses qui en dépendent (*).

Les combinaisons innombrables dont les idées abstraites, les idées sensibles, et les idées générales sont susceptibles entre elles, nous conduisent, nous ramènent naturellement à l'art de les analyser.

XI. NÉCESSITÉ ET USAGES DE L'ANALYSE. On sait qu'analyser un corps, ou un objet quelconque, c'est le décomposer pour en ob-

---

(*) S'il est vrai que l'origine de l'erreur, soit dans le défaut d'idées, ou dans des idées mal déterminées, qu'on juge des bons effets que produiront des Leçons consacrées à déterminer et à refaire continuellement les diverses idées dont se composent toutes les connoissances humaines.

server séparément les parties ou les qualités, et le recomposer ensuite pour saisir l'ensemble des parties ou qualités réunies; et que s'il faut décomposer, pour connoître chaque partie séparément, de même il faut recomposer, pour connoître le tout qui résulte de la réunion des qualités connues. Le besoin d'analyser est une suite évidente de la nature même de l'esprit humain. Car d'un côté, il est reconnu que nos pensées sont le plus souvent composées de plusieurs idées qui se trouvent tout à la fois confusément présentes à notre esprit; et d'un autre côté, nos facultés ne nous permettent ni de saisir à la fois une pensée, un tableau, par exemple, dans toutes les idées qu'il embrasse, ni d'exprimer cette même pensée, d'un seul mot qui en rende tous les détails, ou d'une manière quelconque qui soit simultanée. De-là donc la nécessité de décomposer une perception, c'est-à-dire, la nécessité d'examiner, l'une après l'autre, les idées dont elle est formée, afin de démêler plus aisément ce que chacune renferme; c'est ainsi, par exemple, que pour décomposer les sensations de la vue d'une belle campagne, il faut les faire succéder l'une à l'autre, ce qui veut dire qu'il faut les observer l'une après l'autre, afin qu'elles agissent sur nous comme autant de sensations distinctes, dont chacune puisse successivement être signalée en particulier. Telle est, en deux mots, l'idée que nous devons nous former de l'analyse, destinée à nous faire pénétrer dans les objets de nos études, autant qu'il est en notre pouvoir de les connoître; par la même raison que c'est elle qui, dans notre première enfance, nous a appris à manifester nos sensations (Ch. 8.)

Nos analyses sont complètes ou incomplètes.

La Géométrie nous donne des exemples d'analyses complètes, toutes les fois qu'elle détermine le nombre et la grandeur des angles ou des côtés d'une figure. Car il est évident qu'une figure ne sauroit être terminée que par des angles et des côtés, dont l'analyse est par conséquent facile à compléter.

En Physique, au contraire, les analyses ne sont complètes, que relativement aux connoissances que nous avons des corps analysés. En vain décomposerons-nous toutes les qualités physiques que nous appercevrons; il en restera toujours que nous ne pourrons point découvrir. Nous n'aurons donc alors que des *connoissances relatives*, c'est-à-dire, que nous saurons seulement ce que les êtres sont à notre égard, et que leur nature nous demeurera inconnue. C'est le cas où se trouvent toutes les notions que nous nous formons des objets sensibles. Qu'on me fasse, par exemple, l'énumération de toutes les qualités qu'on a découvertes dans l'or, dans l'argent, ou dans tout autre métal ; on me donnera une analyse qui ne sera complète que relativement aux connoissances acquises sur chacun de ces objets : je n'en connoîtrai donc pas mieux ce que chacun est en lui-même. L'analyse ne pénétre pas jusque dans la nature des êtres corporels ; mais l'analyse m'apprendra l'usage dont ces corps peuvent être pour les besoins de l'Etat Social ; et cela doit me suffire.

En Métaphysique, au contraire, en Mathématiques et dans toutes les Sciences qui se composent d'idées abstraites, nos analyses pénétrent jusque dans la nature des choses, et quand elles sont complètes, nous avons des *connaissances absolues* : telles sont, par exemple, nos connoissances en Arithmétique, en Géométrie, en Algèbre, etc. ; mais aussi quand ces sortes d'analyses ne sont pas complètes, nous n'avons pas même des connoissances relatives : nous ne nous formons alors que des notions incohérentes, tronquées, erronées, la source de la plupart des maux qui affligent l'espèce humaine.

XII. INFLUENCE ET NÉCESSITÉ DES SIGNES. L'influence des signes remonte, comme on l'a vu, jusqu'au premier emploi que l'analyse nous en fait faire, pour manifester nos besoins aux personnes chargées d'y pourvoir. Cette influence est peu à craindre, tandis qu'on se borne à nous montrer des individus, ou à nous donner les noms des individus que nous voyons. D'ailleurs la nature nous fait acquérir des idées avec une sage lenteur qui va en diminuant dans la même proportion que la foiblesse du premier âge; et ces idées sont d'ordinaire rectifiées par nos propres observations. Mais malheureusement, l'inexpérience, l'irréflexion des premiers témoins de notre jeunesse, sont cause que nous surchargeons souvent notre mémoire d'une foule de mots dont la signification ne nous est point connue, ou ne l'est que d'une manière très-confuse. A mesure que nous avançons en âge, ces premiers germes d'erreurs vont en croissant. On s'applique plus à nous apprendre des mots, qu'à nous en faire saisir le vrai sens. L'influence des signes acquiert donc alors un empire d'autant plus étendu, que les idées abstraites et générales deviennent d'un usage indispensable et universel; car ces idées n'existent, comme on sait, que par une affection de notre esprit; d'où il arrive que les mots destinés à en être le signe, ne signifient rien pour nous, ou n'expriment que des idées vagues, à moins que l'analyse ne nous ait expliqué la génération de chaque idée, en nous reportant à l'origine des choses, et qu'elle ne nous ait fait déterminer avec précision le sens de chaque mot. Par où l'on voit que l'influence des signes est subordonnée à l'observation et à l'analyse, ces deux puissans leviers à qui l'esprit humain doit tous ses progrès, et dont le mauvais usage ou le non-usage sont cause aussi de toutes les erreurs qui infectent l'Etat Social.

Mais lorsqu'une fois les mots ont été liés dans notre mémoire à des idées, quellesqu'elles soient, ils exercent dès-lors une influence directe et inévitable, parce que nous ne pouvons plus nous les rappeller, sans que les idées qui y sont attachées, ne se réveillent en même-tems en nous; et comme nous ne raisonnnons des choses, que d'après les idées que nous en avons, nous sommes alors influencés malgré nous, par cette liaison d'idées, dans tous les raisonnemens où nous faisons usage soit des signes, soit des idées; attendu que l'un est devenu le rappel nécessaire de l'autre.

Attachons-nous donc à bien concevoir l'importance, l'utilité, la nécessité même des signes, par exemple, en arithmétique, en

Physique, en Morale, en Métaphysique, et voyons de plus près l'appui qu'ils prètent à la superbe invention des idées intellectuelles.

Quelque simple que soit l'idée de l'unité, si nous n'inventions pas des noms, pour désigner les différentes collections que nous faisons successivement de l'unitié, il nous seroit impossible de raisonner sur les nombres. Sans les chiffres, nous ne saurions nous représenter les idées dont chacun d'eux est devenu le signe. Nous ne pouvons, par exemple, raisonner sur 5 ou 6 nombres que de deux manières savoir, ou en nous représentant les 5 ou 6 objets désignés par les nombres, ou en opérant sur les chiffres cinq ou six. Or quand les nombres deviennent plus grands, la première manière n'est plus praticable; et il faut alors combiner les chiffres qui sont les signes des nombres. Heureusement, par la nature de notre calcul, il suffit de se former une idée des premiers nombres, pour être en état de concevoir la formation de tous: en ajoutant une unité à une autre, j'ai le nombre *deux*. J'en ajoute un troisième, et j'ai le nombre *trois*, et ainsi de suite jusqu'à *neuf*. Quand j'ai dix unités, je les fais considérer comme une nouvelle unité, que j'appelle *dixaine*. Celle-ci répétée elle-même dix fois, conduit à une nouvelle unité, que j'appelle *centaine.* Dix centaines donnent à leur tour une nouvelle unité que j'appelle *mille* ; et ainsi de suite, inventant un nouveau nom et une nouvelle place pour chaque progression décuple, en sorte que chaque nouveau mot fixe et détermine une nouvelle collection de nombres dont je puis sans cesse me représenter l'idée primitive, en rétrogradant par progression décuple, jusqu'aux unités simples.

Il résulte de cette formation des nombres, que si l'on me demande ce que signifie, par exemple, le mot *million*, je serai obligé de répondre vaguement que c'est une collection de beaucoup d'unités, ou si je veux en donner une idée juste, je serai obligé de développer successivement le sens de tous les noms qui ont été imaginés pour arriver par degrés à cette collection d'unités simples.

Il n'est donc pas surprenant que les Voyageurs parlent de peuples qui n'ont qu'une Arithmétique infiniment bornée : ces peuples n'ont imaginé de noms, que pour une petite collection d'unités, et ils n'ont pas su les disposer dans un ordre favorable à la numération, ainsi que nous avons eu le bonheur de le faire.

Il est donc aussi vrai de dire que les signes sont indispensables pour la science du calcul, et que sans leur invention et leur ingénieuse combinaison, l'Arithmétique seroit encore à naître.

En Physique, les substances ne peuvent devenir l'objet de nos réflexions, qu'autant que nous avons inventé des noms pour désigner les collections d'idées simples que nous avons découvertes en les étudiant. Lors, par exemple, qu'en analysant différens corps, j'en ai reconnu un pour dur, jaune, fusible, ductile, malléable, très-pesant, etc., je forme avec ces différentes idées simples une idée complexe, et j'invente le mot *or*, pour la désigner. Alors toutes les fois que je prononcerai ce son, il me rappellera une certaine quantité d'idées simples que je saurai avoir vu co-exister dans un même sujet, et j'en aurai une idée juste, quoiqu'incomplète, parce que je pourrai me rappeller, les unes après les autres, toutes les qualités que j'aurai reconnues dans ce sujet. Mais si je voulois, par exemple, ne penser qu'à la couleur, cette idée tronquée me feroit confondre ce corps avec ceux qui lui ressembleroient par ce rapport. Si j'oubliois les signes de ces diverses qualités, et que je voulusse m'en rappeller toutes les idées, je verrais alors combien les mots ou d'autres signes, tels que les Nœuds des Péruviens, par exemple, sont nécessaires pour fixer les idées complexes dans mon esprit, et les y faire co-exister.

Les signes sont aussi indispensables pour former des idées complexes avec les idées particulières que nous nous représentons dans les êtres moraux. Après avoir rassemblé ces idées particulières, nous n'avons qu'un moyen d'en fixer les collections, c'est de les attacher à des mots ou autres signes qui nous les rappellent, comme les noms des substances physiques nous rappellent la collection des qualités reconnues en elles.

Une preuve que ces mots sont indispensables, c'est que si nous les arrachons de notre mémoire, il nous deviendra impossible de réfléchir sur les lois morales et civiles, et sur les actions humaines. Il faut nécessairement qu'à chaque collection d'idées simples, nous employons un signe pour déterminer et lier dans notre mémoire le nombre de ces idées simples. Sans cette précaution, nous nous trouverions aussi embarrassés que celui qui voudroit calculer en répétant toujours l'unité simple, et sans inventer des signes pour désigner chaque collection d'unités.

En Métaphysique, les noms des genres, des espèces, des idées abstraites, sont des signes d'autant plus nécessaires, que ces choses n'ont aucun modèle dans la nature, et n'expriment, à proprement parler, que différentes vues de notre esprit. Aussi oublions pour un moment les noms des classes plus ou moins générales, et supposons qu'on eût préféré de donner des noms à chaque individu, à cause qu'il n'existe dans la nature que des individus ; nous verrons aussitôt l'impossibilité de retenir cette multitude de noms, et il n'y aura plus aucun ordre dans la plupart de nos idées. Nous n'aurons plus de lien commun, de point de ralliement pour établir des points de comparaison. Nos raisonnemens deviendront aussi bornés que ceux de ces Peuples qui, sans Agriculture, sans Commerce, sans Arts, et même sans Troupeaux, n'ont point encore l'usage de l'écriture ni d'aucun autre signe représentatif de la parole.

Mais lorsqu'au contraire nous nous élançons des idées individuelles aux idées générales, et que de celles-ci nous passons ensuite à différentes classes, indiquant chacune par un nom différent, nous distribuerons alors nos idées avec ordre ; la route que nous avons parcourue reste signalée au moyen de quelques inscriptions élevées à différentes distances ; il nous devient facile alors de parcourir, d'étudier la nature, parce que les mots qui désignent les différentes classes sont comme autant de jalons placés sur la longueur du chemin à suivre; et une fois parvenus à ces points remarquables, nous pouvons aisément découvrir au loin les objets moins frappans, et aller des uns aux autres, au gré de nos désirs ou de nos besoins.

XIII. OPÉRATIONS ET FACULTÉS DE L'AME. Ce chapitre pourra être développé sous un point de vue très-avantageux, si l'on préfère de tout rapporter à l'attention plutôt qu'à la sensation, ce qui n'empêchera pas d'analyser ensuite l'attention elle-même. Je désirerois donc que le Professeur suivît à peu près la marche suivante, en ayant soin d'ailleurs d'entrer dans tous les détails utiles que pourra comporter un sujet aussi intéressant et aussi inépuisable.

Le mot attention a d'abord signifié l'attitude de l'organe d'un sens, au moment où il reçoit les impressions des objets extérieurs. Tout le monde sait que ce mot appliqué aux opérations de l'âme, a conservé une acception parfaitement analogue à son sens primitif. C'est par l'attention que l'homme s'apperçoit qu'il éprouve des sensations, c'est par elle qu'il se souvient de les avoir eues, et qu'il a par conséquent les idées que nous avons vu en être la suite naturelle. (Ch. 4.)

C'est encore par l'attention que l'âme exécute plusieurs autres opérations connues sous des noms différens. Si l'attention se porte successivement sur deux objets, cet acte de sa part s'appelle comparaison, mot qui exprime l'action de l'âme comparant des objets ou des idées auxquelles il faut par conséquent qu'elle fasse attention.

Lorsque par cette attention l'âme découvre des ressemblances ou des différences, et qu'elle les énonce par des signes, cet acte de sa part devient un jugement.

Le raisonnement consiste à développer plusieurs jugemens renfermés dans un seul. L'attention doit d'abord se porter sur le jugement connu, afin de découvrir la liaison qu'il a avec d'autres vérités, et l'espèce de certitude à laquelle il est permis de parvenir en se conformant aux règles qui constituent l'art de raisonner, ou la méthode des sciences.

Lorsque l'attention de l'âme parcourt successivement plusieurs objets, et qu'elle se réfléchit en quelque sorte des uns aux autres, cette opération s'appelle réflexion.

Ainsi la comparaison, le jugement, le raisonnement, la réflexion sont des opérations de l'âme qui donne son attention à deux ou plusieurs objets sous tout autant de points de vue particuliers et distincts.

Le mot entendement, désigne la faculté qu'a l'âme d'entendre, pour ainsi-dire, de chacune de ces manières, ou de se livrer à toutes ces opérations. Quand il désigne la réunion de ces facultés, il embrasse alors la mémoire, l'imagination.

La mémoire est la faculté de se rappeller les objets dans leur état propre : rien n'est plus capable d'en faciliter l'exercice, que l'attention donnée par l'âme aux objets dont elle désire se souvenir.

L'imagination, au contraire, est la faculté de disposer en quelque sorte de tous les matériaux de l'entendement, et de se les représenter, soit en partie, soit en totalité, et dans un ordre quelconque; mais les combinaisons neuves qui en résultent, n'ont de prix, qu'autant que nous avons l'attention de ne pas joindre ensemble des idées disparates. Cette opération dépend aussi de la liaison des idées, dont la théorie explique tous les phénomènes des imaginations heureuses, comme toutes les extravagances des imaginations déréglées et des fous.

L'imagination est féconde ou stérile, riante, lugubre, ect; la mémoire est fidèle, tenace, facile, bonne, mauvaise, etc.

Les idées simples et les idées représentatives, qui forment l'objet de l'entendement proprement dit, ne suffisent point à l'activité de l'imagination : elle s'exerce aussi sur les idées considérées comme agréables et désagréables.

Or, considérés sous ce rapport, l'âme les aime ou les hait, les désire ou les repousse, a pour elles de l'inclination ou de l'aversion, de l'affection ou de l'horreur. L'opération par laquelle l'âme se livre à ces divers actes, s'appelle volonté. Ce mot désigne également la faculté qu'a l'âme de s'y livrer; et, en général, il comprend dans son acception tous les actes par lesquels l'âme incline sa volonté, ou montre son vouloir vers ou contre un objet.

Le mot *habitude* s'applique aux actions du corps comme aux actes de l'entendement et de la volonté. Les habitudes dépendent de la répétition multipliée des mêmes actes; d'où il suit qu'il est en notre pouvoir d'en acquérir de bonnes, comme aussi de perdre les mauvaises, en évitant d'en répéter les actes.

Le mot *passion* désigne les actions auxquelles l'âme se porte avec une inclination plus forte qu'aux actions habituelles ou aux autres quelconques. Les passions louables font le bonheur, la gloire des individus, ainsi que des Empires; les passions criminelles font le malheur de l'espèce humaine, le déshonneur de ceux qui ne les abhorent pas et le tourment de ceux qui ont le malheur d'en devenir la proie.

Les passions sont à la volonté, ce que l'imagination est à l'entendement. On ne peut régler les unes et les autres, sans employer à la fois et les leviers de l'esprit, et les leviers de la volonté; sans agir à la fois sur l'âme, par tous les endroits par lesquels il est possible de la diriger vers le bien, le vrai, le juste, et de l'éloigner du sentier de l'erreur et du crime.

Le mot *pensée* embrasse toutes les opérations de l'âme, soit qu'elle conçoive ou imagine, soit qu'elle agisse avec plus ou moins d'inclination ou même avec passion : et de-là l'immensité des objets qui forment le domaine de la pensée de l'homme, et doivent être compris dans l'art de diriger la pensée (*).

(*) Il est inutile de remarquer que ce chapitre contiendra aussi les différentes acceptions attachées aux mots *raison*, *bon sens*, *esprit*, *intelligence*, *pénétration*, *profondeur*, *discernement*, *sagacité*, *talent*, *génie*, *goût*, *enthousiasme*, *etc. etc.*; car le Lecteur n'a sans doute pas oublié qu'il s'agit ici, non des détails de la Science, mais seulement des principaux échelons sur lesquels on doit l'établir pour l'élever enfin au-dessus des espèces de vieilles submersions qui, de tems immémorial, la tiennent comme ensevelie dans un oubli et un discrédit presque universels.

L'attention n'est pas seulement la base des opérations de l'entendement; elle est aussi l'élément fondamental de l'observation et de l'analyse. En effet, qu'est-ce que faire une observation, sinon donner son attention à une impression exclusivement à toute autre, dans un tems déterminé? et faire plusieurs observations sur un objet, c'est donner successivement son attention aux impressions qu'il fait sur nous. De même analyser une campagne, c'est donner son attention d'abord aux impressions principales et ensuite aux subordonnées: or, cette analyse ne devient possible que par le secours de l'attention appliquée tour-à-tour à chacune des impressions reçues. D'où il suit que l'art d'observer, et l'art d'analyser se réduisent à l'art de donner ou de conduire son attention.

Mais si l'attention est la base de toutes les opérations de l'intelligence humaine, c'est elle aussi qui doit présider aux actes qui dépendent de la volonté. L'homme qui sait se rendre maître de son attention, acquiert sur ses appetits, sur ses inclinations, un empire inconnu aux âmes foibles; celui, au contraire, qui ne sait pas détourner à propos son attention, pour la transporter toute entière sur des objets dignes de la fixer, celui-là ne mérite plus le nom d'homme; incertain sur ce qu'il doit penser, sur ce qu'il doit dire, sur ce qu'il doit faire, il devient nécessairement le jouet de la première personne qui a quelque intérêt à le dominer.....

Il est donc vrai de dire que l'art de préparer les jeunes gens à être un jour des hommes, doit contenir l'art de réveiller, de fixer leur attention sur les objets de leurs études, de manière à leur faire contracter l'habitude de la maîtriser, à volonté, dans les circonstances les plus difficiles. Car de quoi ne les rendroit pas capables une si heureuse habitude, jointe à la théorie de l'esprit humain et à toutes les connaissances, à toutes les dispositions vertueuses, qui doivent être le fruit d'un bon Cours d'Enseignement National ?

XIV. MÉTHODE DES SCIENCES. La Méthode des scicences embrasse le double art de rectifier les idées erronées, et de n'en acquérir que de justes.

L'art de n'acquérir que des idées justes, consiste à suivre, dans l'acquisition des idées, la marche même qui nous a été tracée par l'analyse des sensations, des signes et des idées. Cette marche comprend six règles que nous nous bornerons ici à énoncer, à cause qu'elles sont comme autant de conséquences pratiques des vérités établies dans les chapitres précédens.

PREMIÈRE RÈGLE.

Rappellez-vous que les enfans acquièrent des connoissances, en observant les objets qui frappent leurs sens; et que si une première observation les trompe, de nouvelles observations leur font découvrir leurs erreurs et les leur font rectifier. (Ch. VIII.) Telle est la première règle offerte par la nature pour les instruire, comme pour s'instruire soi-même.

DEUXIÈME RÈGLE.

Elle consiste à expliquer la génération, la filiation d'une idée, avant de nommer le mot qui en est le signe, et à ne faire d'abord connoître aux enfans, que des objets physiques qu'on aura soin de mettre sous leurs yeux.

TROISIÈME RÈGLE.

Commencez par les idées individuelles, pour passer delà aux idées générales, et descendre de celles-ci aux idées particulières, en vous abstenant de présenter aux Elèves des espéces qui seroient hors de leur portée.

QUATRIÈME RÈGLE.

Faites précéder les expressions figurées par l'explication des idées sensibles analogues, et remontez au sens primitif des mots qui seront à leur portée, remettant à un autre tems, à leur parler des autres.

CINQUIÈME RÈGLE.

Elle consiste à procéder par analyse, et jamais par synthèse avec les enfans ; ce qui se réduit à leur faire observer, les uns après les autres, les différens sujets des idées qu'on a à leur développer ; ensorte qu'ils apprennent à connoître distinctement et les idées qui entrent dans une perception, et la manière de décomposer celle-ci dans ses divers élémens.

SIXIÈME RÈGLE.

Elle consiste à conduire toujours du connu à l'inconnu, en ayant soin de prendre un Elève aux idées qu'il a, pour le conduire, conformément aux règles précédentes, aux idées qu'il n'a pas encore ; de même que pour indiquer à quelqu'un une rue qui lui est inconnue, vous ne pouvez mieux vous y prendre qu'en lui rappellant des rues ou des points qui lui sont déjà connus.

Ces six règles se réduisent, comme on voit, à ne faire acquérir aux Elèves, à ne leur laisser acquérir, à n'acquérir soi-même, que des idées justes.

Elles constituent l'art de prévenir dans les jeunes gens, l'acquisition des idées fausses. Et puisqu'elles sont susceptibles d'être démontrées en toute rigueur, ainsi qu'on en peut juger par notre simple précis, et d'être adoptées dans tous les établissemens d'Instruction Publique, comment douter qu'elles ne puissent être employées assez heureusement, pour que désormais la justesse d'esprit devienne le patrimoine inaliénable des générations naissantes et futures? (Ce résultat répond littéralement à l'une des quatre questions qu'on a vu ailleurs posées en ces termes: 1.ere, Peut-on déterminer avec certitude les diverses causes des erreurs de l'esprit humain?—2.e, Y a-t-il des moyens de rectifier les idées erronées? Si ces moyens existent, peuvent-ils être mis en usage, de façon à influer insensiblement sur toute la masse des idées erronées chez un grand peuple, et à y refaire, suivant l'expression de Bacon, l'entendement humain? — 3.e, Y a-t-il des moyens de prévenir dans les jeunes gens, l'acquisition des idées fausses? Si ces moyens existent, peut-on les employer assez heureusement, pour que la justesse d'esprit devienne à jamais, chez tous les peuples libres, le patrimoine inaliénable des générations naissantes et futures? — 4.e, S'il existe des moyens certains de prévenir les idées fausses, et de rectifier les idées erronées, peut-on réduire ces moyens en une véritable science démontrée dans ses premiers élémens, et dont l'influence bienfaisante doive s'étendre, de proche en proche, chez les divers peuples, où elle est rendue nécessaire par leur degré actuel de civilisation ?)

Mais les mêmes règles sont insuffisantes pour rectifier les idées erronées. Il faut de plus examiner alors toutes ces idées, d'après les divers caractères d'évidence et de certitude, que comporte la nature de l'intelligence humaine. Et ce travail en suppose deux autres extrêmement importans : le premier est l'énumération même de ces divers caractères, et le second, leur application, non-seulemen aux connoissances acquises déjà par les Elèves, dans leurs précédens Cours d'étude, mais encore aux principales découvertes qui feront à jamais époque dans les annales de l'esprit humain. Car par ce dernier trait, le Professeur achevera tout-à-la-fois et de rectifier le système des idées de ses Auditeurs, et de refaire les langues des Sciences qu'il les rendra capables de cultiver ensuite par eux-mêmes, avec le plus grand succès.

Nous ne rappellerons point que les caractères de certitude forment la base de l'art de raisonner. On sait que le plus haut degré de certitude où nos raisonnemens puissent nous conduire, est l'évidence; et de là la distinction établie entre l'évidence de raison, et l'évidence de fait, l'une appropriée à la science des vérités abstraites, et l'autre à la science des vérités physiques. L'évidence de raison consiste dans l'identité des idées. L'évidence de fait a lieu, toutes les fois que nous nous assurons des faits, soit par nos propres observations, soit par le témoignage des autres; d'où il suit que dans une multitude d'occasions, cette évidence doit être remplacée par des degrés de certitude plus ou moins inférieurs.

L'évidence de sentiment sert de base à la Science de ce qu'il y a de sensible en nous.

La force de l'analogie conduit aussi à l'évidence. Mais quelquefois l'analogie est si loin d'établir une certitude réelle, qu'elle donne seulement pour résultat le vraisemblable, ou le probable, ou enfin le simple possible. Au-delà de celui-ci on ne rencontre plus que l'impossible absolu ou relatif. Et cette ligne de démarcation ne sera pas un des moindres moyens de multiplier les forces de l'esprit, en faveur de tous ceux qui seront initiés à cette mystérieuse découverte.

Telle est donc en deux mots, l'énumération

des caractères d'évidence et de certitude, auxquels nous pouvons parvenir dans la recherche de la vérité : évidence de raison, évidence de sentiment, évidence de fait par nous-mêmes, évidence de fait par autrui, évidence d'analogie; vraisemblance, probabilité, possibilité et impossibilité.

L'analyse de ces divers degrés de certitude conduira, comme nous l'avons dit, à en faire l'application aux Sciences Physico-Mathématiques analogues. Ce travail achevera de fournir au Professeur l'occasion et de refaire tout le système des idées acquises par ses Elèves, et de rectifier chez ses autres Auditeurs, le reste de leurs idées erronées, sans obstacle de leur part; à cause qu'à cette époque, les ressorts de l'esprit humain leur auront été dévoilés, et que l'éclat de la vérité aura par degrés, dissipé à leurs yeux, les nuages des préjugés de leur première éducation. Par où l'on voit que les moyens de rectifier les idées erronées, ne se bornent point en général à les examiner, d'après les divers degrés de certitude qui sont propres à l'intelligence humaine; il faut auparavant préparer les Auditeurs à cette refonte de leurs idées; et on ne peut les y préparer avec certitude de succès, qu'en suivant une route qui leur cache à eux-mêmes le but où ils arriveront.

Or le plan de conduite que nous avions osé indiquer comme indispensable à cet effet, forme lui-même cette route détournée par laquelle nous sommes parvenus au point de vue politique que nous nous étions proposé ; et quelque peu nombreux que soient les endroits signalés par notre passage, ils suffiront sans doute, pour diriger le voyageur attentif.

XV. DÉTAILS ET HISTORIQUE RELATIFS A L'ART DE PENSER. Quand le Professeur aura ainsi établi la Méthode des Sciences, sur l'acquisition même des Sciences les plus certaines, les plus curieuses, et sur une refonte universelle des connoissances de ses Elèves, opérée à leur grande satisfaction, quelle facilité n'aura-t-il pas alors et pour pénétrer plus intimement dans tous les détails relatifs à l'art de diriger la pensée, et pour attaquer de front les diverses causes des erreurs de l'esprit humain ? A cette époque, armé de toutes les lumières propres à dissiper les prestiges, il lui suffira de leur présenter en quelque sorte le combat, pour les voir fuir au loin en vrais stipendiaires de l'ancienne tyrannie ; et lui, à son tour, digne émule des généraux français qui ont su maintenir la discipline la plus austère, à la suite des plus brillantes conquêtes, et tourner contre l'ennemi ses propres dépouilles, il procédera avec ordre dans l'enlèvement des objets qui couvriront le vaste champ des erreurs humaines. D'abord il enclouera la monstrueuse artillerie des vaincus, remplaçant leur vieux arsenal d'argumens *in barbara*, *bocardo*, *ferison* (*), par le double art de rectifier les idées erronées, et de n'en acquérir que de justes ; les genres d'armes propres à servir utilement, il les ajoutera à ses forces ordinaires ; il distribuera de même les munitions, les bagages qui pourront contribuer au triomphe de la vérité. Il destinera leurs étendards chamarrés d'idées fausses, d'opinions absurdes, de croyances contradictoires, à être suspendus dans le vestibule du temple des connoissances humaines, pour y signaler à la postérité, les obstacles que l'esprit de l'homme a eus à franchir : l'intérieur de ce temple sera orné latéralement de groupes radieux correspondant chacun à une science ou à un art utile. Chaque groupe offrira, par ordre cronologique ramené à l'Ere Française, les noms des premiers Auteurs, Créateurs ou Inventeurs, et successivement de ceux qui

---

(*) Ces trois mots sont un échantillon de ceux qu'on avoit introduits sur les bancs de l'Ecole, pour désigner les formes des syllogismes, espèces d'épées avec lesquelles s'y livroient les plus bruyans combats.

ont continué de perfectionner la Science ou l'art analogue. Des inscriptions placées à différentes hauteurs, expliqueront la suite des découvertes, la marche progressive des lumières ; l'ensemble des groupes présentera la réunion des Sciences et des Arts propres à subvenir aux besoins de l'homme, à embellir son séjour, à améliorer son sort, à honorer son intelligence. Le Professeur s'exercera à faire partir des points les plus élevés, quelques faisceaux de lumière, qu'il dispersera, qu'il projettera de côté et d'autre, avec choix et discernement ; il renverra, s'il le faut, aux âges suivans, la gloire de prolonger les groupes vers le centre de la voûte, et de les y réunir et réduire enfin tous en un seul, représentant la Science immense de la nature.

Conclusion du Précis des premières Etudes.

Les avantages qu'on vient de voir résulter de ce genre d'études, sont principalement dûs à notre manière de présenter les vérités, que nous avions à établir. En Effet nous sommes entrés en matière, non par des principes généraux inintelligibles, mais au contraire par des observations et des faits connus de tout le monde, conformément à la règle fondamentale, qui prescrit d'aller toujours du connu à l'inconnu. Par cet artifice, nous nous sommes trouvés comme transportés à la naissance même des sensations, des signes et des idées; et là nous avons observé, sans peine, la première influence des signes sur les idées, les premiers usages de l'analyse et de l'observation; puis, suivant pas à pas les sensations dans leurs transformations en idées, nous avons vu d'une part, combien les signes, combien l'analyse et l'observation étoient indispensables pour l'acquisition et le perfectionnement des connoissances humaines; et d'autre part, nous nous sommes appliqués à remarquer les différentes règles de pratique que cette Théorie démontrée fournissoit, tant pour n'acquérir que des idées justes, que pour rectifier les idées erronées; et enfin nous avons, durant notre course, mis à profit les lumières acquises, pour refaire, autant du moins que l'exigeoit notre plan, la langue de la science dont nous nous occupions.

Nous n'observerons point que cette manière de procéder, prévient les objections, et rend le Lecteur capable de les résoudre, au moment où elles lui seront proposées. Vous pouvez en juger par la seule question des idées innées dont nous n'avons pas dit un seul mot, et sur laquelle néanmoins notre Précis ne laisse lieu à aucun doute.

Nous avons donc atteint le but que nous nous étions proposé au commencement du douzième point de vue, qui étoit d'ouvrir une route propre à introduire dans le sanctuaire de la vraie Métaphysique, sans soulever l'esprit de système et de prévention. Mais à quels moyens particuliers sommes-nous donc redevables d'une découverte aussi précieuse, la plus nécessaire, la plus importante à la destruction des préjugés ?

Cette découverte, osons le dire, en demandoit elle-même plusieurs autres également indispensables : il falloit à la fois et réduire les notions de Métaphysique en un seul corps de doctrine, et les disposer dans une gradation d'idées, qui en facilitât l'intelligence, et faire entrer dans cette gradation les connoissances dont le reflet étoit nécessaire, pour conduire au but politique relatif à l'esprit de prévention, et convertir enfin la totalité de ces échelons lumineux, en une véritable science démontrée dans ses premiers élémens.

Pour juger jusqu'à quel point ces différens objets ont été remplis, considérons un moment les quatre questions de régénération sociale, qui ont formé notre point de départ ; n'est-il pas évident que les vérités sur lesquelles nous avons élevé notre Méthode des sciences, suffisent d'abord et à la solution directe des deuxième et troisième questions, et au développement de la première ? et peut-on se dissimuler que la dernière n'y trouve aussi tous les secours qu'elle pouvoit retirer de ce genre d'études, les onze autres points de vue ayant déjà fourni d'avance les moyens complémentaires qui étaient ici inévitables ? Or ces premiers articles une fois vérifiés, y a-t-il rien de plus aisé, que de se convaincre de tous les autres ? quoi de plus facile, par exemple, à saisir, que l'ordre graduel qui règne entre les dix premiers chapitres de notre Précis ? Echangez-en quelques-uns entre eux, ou un seul contre un autre, à votre gré ; et vous verrez si la gradation d'idées ne disparoîtra pas en même tems ? Retranchez-en le troisième échelon, ou le cinquième, ou le sixième, ou tous les trois à la fois ; et vous jugerez si le but politique qu'il s'agissoit d'atteindre, ne sera pas aussitôt mis au néant ? rappellez-vous ces trois échelons ; « 3. *en quoi consiste la sensation ;* 5. *nous » n'avons pas toujours eu les sensations et » les idées que nous avons ;* 6. *époque où » nous avons commencé à les avoir.* » Examinez-les, dis-je, attentivement, et essayez ou de les déplacer dans l'ordre de notre travail, ou d'y en substituer d'autres qui produisent le même effet, et vous ne tarderez pas à reconnoître l'impossibilité d'y réussir; et vous reconnoîtrez aussi que nos divers échelons, semblables aux colonnes d'un édifice inébranlable, serviront, à votre choix, de base à la confection des meilleurs traités, soit sur la méthode des Sciences ou analyse des sensations, des signes, et des idées, ou Logique, ou Art de penser, de raisonner et d'écrire, soit sur l'Education morale-intellectuelle de l'enfance, ou l'Art d'instruire, soit sur la Métaphysique, ou Science des leviers de l'esprit humain, ou sur toute Théorie approfondie de l'entendement, sous quelque dénomination qu'il plaise de s'en occuper. Or comment pourriez-vous ne pas reconnoître alors, que c'est particulièrement à l'heureux emploi qui a été fait de nos trois nouveaux échelons, qu'est dû, et ce précieux avantage, et celui d'avoir converti les notions sur l'esprit humain, en une véritable Science démontrée dans ses premiers élémens?

Mais voulez-vous enfin une dernière preuve propre à vous confirmer irrévocablement dans l'opinion favorable que déjà, sans doute, vous ne pouvez plus différer d'en concevoir? Considérez avec quelle facilité la masse d'idées dont se compose notre échelle Métaphysique, fournira une réponse peremptoire aux questions de même genre, proposées par l'Institut, dans un programme conçu en ces termes :

« Parmi le grand nombre d'Auteurs qui, » dans tous les tems, se sont exercés sur l'en- » tendement humain, à peine en compte-t- » on quelques-uns qui se soient occupés des » moyens qui peuvent augmenter ou diriger » ses forces. Tour-à-tour enfoncés dans la » recherche de ses causes, ou appliqués à dé- » crire ses effets, ils n'ont été, pour la plu- » part, que Peintres habiles ou Métaphysi- » ciens obscurs.

» Cependant, à la voix de quelques hommes » de génie, on a senti, depuis plusieurs an- » nées, qu'il falloit abandonner la recherche » des premières causes, et porter enfin l'at- » tention sur les moyens de perfectionner » l'entendement.

» Or, on a cru voir dans les *signes* le » moyen le plus puissant des progrès de l'es- » prit humain.

» Les premiers Philosophes qui tournèrent » leurs réflexions sur les caractères de l'écri- » ture, sur les accens et les articulations de » la voix, sur les mouvemens du visage, sur » les gestes et les diverses attitudes du corps,

» ne

» ne virent dans tous ces signes que des
» moyens ou établis par la nature, ou in-
» ventés par les hommes, pour la communi-
» cation de leurs pensées.

» Un examen plus approfondi fit voir
» que les signes n'étoient pas uniquement
» destinés à servir de communication entre
» les esprits. Malgré l'autorité de quelques
» grands hommes qui les avoient regardés
» comme des entraves à la justesse et à la ra-
» pidité de nos conceptions, on osa avancer
» qu'un homme séparé du commerce de ses
» semblables, auroit encore besoin de signes
» pour combiner ses idées.

» Enfin, dans ces derniers temps, on a
» cru appercevoir dans l'emploi des signes,
» un service bien plus étonnant rendu à la
» raison; c'est que l'existence des idées elles-
» mêmes, des premières idées, des idées le
» plus sensibles, supposoit l'existence des
» signes; et que les hommes seroient privés
» de toute idée, s'ils étoient privés de tout
» signe.

» En sorte qu'on a jugé les signes néces-
» saires, non seulement pour la communica-
» tion des idées, non seulement pour combi-
» ner des idées acquises et former de nouvelles
» idées, mais encore pour avoir les premières

» idées, les idées qui sortent le plus immé-
» diatement des sensations.

» Si une certaine influence des signes sur
» la formation des idées est une chose incon-
» testable et avouée de tout le monde, il n'en
» est pas de même du degré de cette influ-
» ence. Ici les esprits se divisent; et ce que
» les uns regardent comme des démonstra-
» tions évidentes, les autres le traitent de
» paradoxes absurdes.

» L'Institut s'attend à recevoir des mé-
» moires qui, par de nouvelles recherches
» et de nouveaux éclaircissemens, faisant dis-
» paroître les incertitudes qui obscurcissent
» cette importante matière, seront propres à
» rallier tous les esprits.

» Il pense que, parmi les questions nom-
» breuses que fera naître la fécondité du sujet
» du prix, les Auteurs ne doivent pas oublier
» de répondre aux suivantes:

» 1°. *Est-il bien vrai que les sensations*
» *ne puissent se transformer en idées que*
» *par le moyen des signes?* ou ce qui re-
» vient au même, *nos premières idées sup-*
» *posent-elles essentiellement le secours*
» *des signes?*

» 2.° *L'art de penser seroit-il parfait,*
» *si l'art des signes était porté à sa perfec-*
» *tion?*

» 3.° *Dans les sciences où la vérité est*
» *reçue sans constestation, n'est-ce pas à*
» *la perfection des signes qu'on en est re-*
» *devable ?*

» 4.° *Dans celles qui fournissent un a-*
» *liment éternel aux disputes, le partage*
» *des opinions n'est-il pas un effet néces-*
» *saire de l'inexactitude des signes ?*

» 5.° *Y a-t-il quelque moyen de corriger*
» *les signes mal faits, et de rendre toutes*
» *les sciences également susceptibles de*
» *démonstration ?* »

Réponse à la première question.

Nous avons démontré (Ch. VII et VIII, p. 199 et 200), que dans un enfant les premières sensations précédoient les premiers cris, les premiers gestes, qui n'en étoient évidemment que la suite ou l'expression naturelle; d'où il suit qu'*il n'est pas vrai que les sensations ne puissent se transformer en idées, que par le moyen des signes, ou que nos premières idées supposent essentiellement le secours des signes* : ce qui forme une réponse précise à la première question.

On nous objectera peut-être que, d'après

l'influence que nous avons nous-mêmes attribuée aux signes sur les idées en Arithmétique, en Morale, en Physique et en Métaphysique, nous ne pouvons plus contester que cette influence ne s'exerce aussi sur nos premières idées, sur celles qui sortent le plus immédiatement des sensations.

Nous répondrons que l'influence des signes, dans les cas sans nombre où nous l'avons reconnue, ne s'exerce alors, que parce que les signes sont en même-tems effet et cause; effet, puisqu'ils n'ont commencé d'exister que pour être le signe des perceptions qu'ils sont capables de réveiller; cause, puisqu'à leur tour ils deviennent la cause d'une multitude de nouvelles combinaisons d'idées. Pour vous en convaincre, jettez un coup d'œil sur les Peuples chez qui l'usage de la parole écrite est ignorée, et qui connoissent à peine, dans le langage des sons articulés, quelques mots destinés à rappeller les objets de leur chasse et de leur pêche. Figurez vous transporté au milieu d'eux, à l'exemple de quelqu'un de nos Voyageurs, et obligé de leur exposer vos besoins; comment vous y prendrez-vous pour leur faire connoître vos pensées? Vous bornerez-vous à leur dire des mots, à leur faire entendre des sons? Non, sans doute; mais vous vous appliquerez à leur faire deviner la pensée qui vous occupe, à la leur rendre sensible, en la leur faisant lire, pour ainsi-dire, dans votre âme, et non dans des signes dont l'usage leur est inconnu. N'est-il pas évident que si dans la marche de la nature, c'étoient les signes qui eussent précédé les idées, vous devriez alors préférer l'énumération de tous les signes connus, à la manifestation de votre pensée? Et en préférant au contraire de manifester l'intérieur, pour ainsi-dire, et la génération de votre pensée, à l'usage de simples signes, ne confirmez-vous pas, par là, la preuve acquise que parmi ces peuples, ainsi que parmi nos enfans, les premières sensations existent naturellement avant leurs signes? (Ch. V, VI et VII.)

Nous convenons, me direz-vous, que la perception précède le signe qui en annonce l'existence; mais n'est-il pas vrai que cette perception n'existeroit point sans l'impression des objets extérieurs, et cela étant, ne s'ensuit-il pas que c'est l'impression des objets extérieurs qui est ici première cause et non la perception?

Je réponds qu'il ne s'agit point ici de remonter à la première cause, mais seulement d'examiner si le signe n'existe ou n'est employé qu'après l'existence de la perception dont il est le signe. Si ce premier point est une fois reconnu, peu importera après à la solution de notre question, de savoir que les idées ou les sensations ont pour cause l'impression des objets extérieurs sur les organes des sens. Nous avons déjà vu que cette cause ne pouvoit être qu'une cause occasionnelle, parce qu'il ne se trouvoit aucune connexion nécessaire (d'après nos lumières actuelles), entre les mouvemens occasionnés dans les organes de nos sens par l'impression des objets extérieurs, et entre la sensation qui étoit purement une modification, une manière d'être de la faculté de sentir. L'objection proposée ne diminue donc en rien la force des preuves dont nous nous sommes servis pour établir que l'usage des signes suivoit les premières perceptions, comme l'effet suit la cause, et ne pouvoit pas plus exister avant, que l'effet ne peut exister avant la cause.

Mais au moins conviendrez-vous, ajoutera-t-on, que les perceptions, telles que vous les entendez, ne sont point encore des idées, c'est-à-dire, des modèles, ou images, ou représentations des objets extérieurs, et que ces idées ne peuvent exister qu'au moyen des signes? J'ai déjà répondu à une partie de cette difficulté, en faisant voir que l'idée sensible étoit non-seulement le modèle, l'image, la représentation des objets extérieurs, mais encore, et bien plus certainement, le souvenir des modifications de notre *moi*, le souvenir de nos sensations passées, et même, si l'on veut, le sentiment des sensations actuelles. (Ch. II et III.)

Quant aux perceptions qui ne peuvent être manifestées au dehors, que par le moyen de plusieurs mots qui paroissent donner l'existence aux idées dont ces perceptions sont composées, c'est que ces perceptions sont alors des notions complexes, qui n'existent dans notre esprit, qu'au moyen des signes auxquels nous avons su les attacher. Ce sont alors des idées intellectuelles, qui n'indiquent aucun être individuel, et qui n'existent elles-mêmes que par une fiction de notre esprit. Mais en analysant ces notions complexes, c'est-à-dire, en faisant succéder l'une à l'autre les diverses idées qui entrent dans leur formation, il sera toujours possible de remonter, par une suite plus ou moins nombreuse d'échelons, jusqu'à la première idée sensible dont le signe s'est lié, dans notre esprit, à cette idée, par l'attention qu'on a eue de réveiller en nous cette même idée, plus ou moins de fois, et d'en nommer en même-tems le signe ou mot.

Que s'il n'est pas toujours facile de suivre ainsi le fil des idées dont se compose la petite chaîne de nos connoissances, c'est parce que nous n'avons pas toujours mis assez d'ordre dans l'acquisition de ces connoissances, ou parce que nous n'avons appris que des mots et des choses vagues; à cause que nous avons voulu étudier des Sciences informes, sans en refaire la langue, et nous en approprier, par là, tout ce qu'elles avoient de bon.

Mais cette inattention de notre part n'empêche point que les signes, qui dans l'origine ont été précédés par nos premières sensations, ne deviennent eux-mêmes les vrais moyens d'analyser nos pensées, ainsi que tous les objets de nos différentes études. Aussi les langues composées de ces signes, sont-elles autant de méthodes analytiques, dont les progrès sont naturellement en proportion avec les connoissances des Peuples qui les parlent, comme la Science des signes est dans chaque individu en proportion avec ses lumières acquises. Et voilà pourquoi l'on peut assurer que l'influence des signes prendra des accroissemens aussi inassignables, qu'il est impossible de déterminer les limites des connoissances auxquelles l'homme peut s'élever par le bon usage de ses facultés.

DEUXIEME QUESTION.

« L'art de penser seroit-il parfait, si l'art des » signes étoit porté à sa perfection ? »

L'art de penser ne sauroit être parfait, à moins que l'art des signes ne soit porté à sa perfection; mais cet art ne nous paroît pas suffire pour rendre parfait l'art de penser, parce que le secours des signes n'est pas le seul dont nos premières idées aient besoin. Ce secours, comme nous l'avons prouvé, doit être accompagné de deux autres indispensables pour l'acquisition d'idées justes, savoir, de l'analyse et de l'observation. Il est vrai que sans les secours des signes, l'analyse et l'observation ne peuvent nous faire avancer à grands pas dans la recherche de la vérité; mais sans l'analyse et l'observation, l'usage des signes entraîne plus d'inconvéniens qu'il ne produit d'avantages; et la preuve en est sensible, puisqu'alors le sens des signes est vague, est mal déterminé, et que ce défaut est une des premières causes des erreurs de l'esprit humain.

Il nous semble donc que l'analyse et l'observation sont plus indispensables encore que les signes, parce qu'elles sont indispensables pour avoir des idées justes, et qu'il vaut mieux avoir moins d'idées, pourvu qu'elles soient justes, que d'en avoir beaucoup de fausses, qu'on devroit à beaucoup de signes et au défaut d'analyse et d'observation. Qui est-ce qui ne préfère pas l'esprit juste d'un illettré, à l'esprit faux d'un Docteur ?

L'art des signes ne peut donc être porté à sa perfection, sans le secours de l'observation et de l'analyse; et ce n'est que du perfectionnement de ces trois arts, que peut résulter le perfectionnementde l'art de penser.

TROISIÈME QUESTION.

« Dans les Sciences où la vérité est reçue sans
» contestation, n'est-ce pas à la perfection
» des signes qu'on en est redevable ? »

On voit par notre précédente réponse, que dans les Sciences où la vérité est reçue sans contestation, ce n'est pas seulement à la perfection des signes qu'on en est redevable, mais bien plus à l'analyse et à l'observation, sans l'usage desquelles on ne pourroit d'ailleurs parvenir à cette perfection même des signes. En effet, les Mathématiques pures doivent leur clarté aux analyses exactes et à l'abstraction des idées. Les Sciences Physico-mathématiques reposent tout à la fois sur l'abstraction des idées, sur l'analyse, sur l'observation et sur l'expérience. Sans l'esprit d'observation, la Physique et la Chymie seroient toujours restées au berceau. Sans l'analyse, la Géométrie seroit encore à naître. La supériorité des chiffres arabes sur les chiffres romains fait assez voir que ce n'est pas seulement aux signes des nombres, mais à l'heureuse combinaison de ces signes, à leur analyse raisonnée, que l'Arithmétique est redevable de sa perfection. En Algèbre, c'est l'abstraction des idées et l'analyse, qui sont les principales sources du mérite de cette Science.

Mais en Arithmétique, comme en Algèbre et en Géométrie, les Mathématiciens ont soin de commencer toujours par des idées individuelles, et de s'élever delà à des idées générales; et c'est cette première analyse qui est, sans contredit, une des plus puissantes causes des progrès immenses des Sciences Mathématiques.

QUATRIÈME QUESTION.

« Dans celles qui fournissent un aliment » éternel aux disputes, le partage des opi- » nions n'est-il pas un effet nécessaire de » l'inexactitude des signes? »

Nous ne pensons pas que dans les sciences

qui fournissent un aliment éternel aux disputes, le partage des opinions soit un effet nécessaire de l'inexactitude des signes. C'est en vain que les Rabbins ou Théologiens quelconques, par exemple, mettroient plus d'exactitude dans les signes de leurs idées On pourroit dire peut-être, que leurs signes ne sont déjà que trop exacts, puisque cette exactitude ne s'exerce le plus souvent qu'à induire en erreur. La cause fondamentale de leurs disputes vient du défaut d'analyse et d'observation. Si les Docteurs de tous les cultes avoient analysé le premier objet de leurs discussions, et observé la nature, ils auroient pu concourir à poser les fondemens de la Morale Sociale. Leurs opinions auroient pu être encore partagés, mais elles auroient cessé d'être funestes; et c'est là un avantage qu'ils ne sauroient retirer de plus d'exactitude dans leurs signes, tant qu'ils n'apporteront pas plus d'esprit d'analyse dans l'objet de leurs méditations.

Si les Philosophes Moralistes ont eu des opinions souvent trop vagues, faute d'exactitude dans les signes de leurs idées, il n'est pas moins certain qu'ils ne pouvoient obtenir cette exactitude, qu'en commençant par analyser l'objet de leur examen et le but de leurs recherches.

Ce défaut d'analyse est encore la cause du cahos où se trouve la Législation, et elle restera dans ce cahos, tant que l'esprit d'analyse et d'observation ne servira pas de boussole aux hommes chargés de faire des lois. Envain apporteront-ils plus d'exactitude dans les signes de leurs idées ; s'ils ne remontent pas par l'analyse, au but fondamental de l'état de société ; s'ils n'observent pas avec soin les besoins des peuples auxquels leurs lois sont destinées ; s'ils n'analysent pas les besoins de ces peuples, et par rapport à leur territoire, et par rapport à leur position géographique, et par rapport à leurs relations de toute espèce avec les autres peuples, et par rapport à l'état actuel et à l'état plus ou moins prochain de tous ces divers peuples, leurs lois ne seront que des lois de circonstance ; elles ne porteront nullepart l'empreinte du génie législateur ; et l'exactitude des signes ne leur tiendra jamais lieu de cet esprit d'analyse et l'observation, avec lequel ils pourroient au contraire, comme avec un levier, remuer le monde moral, et fixer les destinées du genre humain.

CINQUIÈME QUESTION.

« Y a-t-il quelque moyen de corriger les » signes mal faits, et de rendre toutes les » Sciences également susceptibles de dé- » monstration ? »

Nous croyons avoir déjà répondu à cette question d'une manière affirmative. Car d'abord, il existe des moyens de corriger les signes mal faits; et ces moyens consistent, comme on voit, à refaire les mots; c'est-à-dire, à refaire les langues des sciences; ce qu'on effectuera en recourant à l'analyse et à l'observation, ainsi qu'aux autres règles exposées précédemment.

Or de là il suit que les moyens de rendre toutes les Sciences également susceptibles de démonstration, se réduisent à refaire conjointement les langues de toutes les sciences, et à former de la réunion de ces refontes analytiques, un Cours d'instruction élémentaire, qui remplace à jamais dans les mains des jeunes gens, la foule de livres où l'erreur et la vérité, la justesse et la fausseté d'esprit, leur sont présentées presque indistinctement; mais nous observerons que l'art de refaire ainsi les langues des Sciences embrasse, d'après nos principes, non-seulement l'art de déterminer les idées de chaque signe, mais encore l'art de remonter à l'origine de chacune de ces idées, par des analyses et des observations combinées, qui fassent remarquer toutes les idées simples dont se forment les diverses idées complexes, et qui lient, les unes aux autres, les principales collections d'idées relatives à chaque Science; ensorte que tout Lecteur attentif, demême que tout Elève aidé d'un Maître, puissent, en étudiant les Sciences dans ces livres élémentaires, acquérir promptement une connoissance exacte des divers degrés où chacune est parvenue, rectifier et fortifier par cette étude, leur intelligence, former et prémunir leur cœur, et conserver la plus grande vigueur d'esprit possible, pour l'employer, soit à un plus grand perfectionnement des Sciences en elles-mêmes, soit à un plus parfait accomplissement de leurs devoirs d'homme et de citoyen.

RÉCAPITULATION.

TEL est donc l'espace que nous avons parcouru dans cet écrit. D'une part frappés de l'immensité de découvertes utiles que les Sciences Physiques n'avoient cessé de faire depuis que renonçant à l'esprit de systême, elles avoient su se borner à observer, à interroger la nature, nous avons cherché à découvrir au milieu des Landes arides de l'histoire, quelque semblable source de lumières, également intarissable, et d'où il fût possible de faire dériver successivement toutes les ramifications de la Science inappréciable de l'Organisation Sociale.

A cet effet l'universalité des Peuples qui existent en ce moment sur la surface du globe, et dont nous examinions depuis long-tems les besoins relativement à leur Législation, est devenue un objet de nouvelles observations plus fécondes. Les élémens de l'Etat Social de chacun de ces Peuples ont formé autant de données faciles à remarquer; et ces données ont dû nous paroître certaines, puisqu'elles étoient appuyées en même-tems

sur

sur les bases les plus incontestables de l'Etat de Société. Or le nombre de ces données incontestables, une fois connu, l'Edifice Social en est, pour ainsi-dire, sorti de lui-même formé par les seules mains de la nature. Il a suffi de ranger avec méthode ces espèces de matériaux les uns à la suite des autres, à raison de la quantité d'élémens dont ils étoient composés, et suivant qu'ils se rapprochoient davantage de l'Etat Naturel. Par ce simple artifice, la confusion qui paroissoit répandue sur l'Etat Social des différens Peuples, a disparu. Une Science réelle, démontrée dans ses premiers élémens, a remplacé des notions variables, des connoissances certaines, mais isolées. L'ordre est né du sein du cahos. Les richesses variées de la nature dans la diversité des nations existantes, n'ont plus été que des preuves de la perfectibilité de l'espèce humaine. Les nuances de civilisation, qui distinguoient les peuples les uns des autres, ne les ont plus empêchés de reconnoître qu'ils faisoient tous partie de la même famille. Elles n'ont plus paru elles-mêmes que comme autant de membres différens dont la réunion formoit le Corps Social, et dont la bonne harmonie pouvoit seule faire goûter à l'homme la modique portion de bonheur à laquelle il lui est donné de parvenir.

Alors la déclaration des droits communs à toutes les Nations de la terre, les bases de la morale et du droit de propriété chez cette multitude de Nations; alors, disons-nous, ces grands et incomparables moyens de concorde entre les Peuples et les individus, ont fixé exclusivement toute notre attention. Pour faire reconnoître et promulguer, en quelque sorte, leur empire, d'une extrémité du globe à l'autre, nous avons appellé à notre appui, et l'expérience des Peuples de tous les âges et de tous les degrés de civilisation, et les besoins de l'homme sous tous les climats et sous toutes les formes de gouvernement.

D'un autre côté, l'ignorance, et l'abus du pouvoir, né lui-même de l'ignorance, formant ensemble les causes les plus universelles des malheurs des faibles humains, nous nous sommes particulièrement appliqués à découvrir les sources de cette ignorance meurtrière, et à en prévenir les mauvais effets; ici, en dévoilant la route à suivre pour acquérir promptement, propager, perpétuer la connaissance des vrais ressorts de l'esprit humain, et assurer de toutes parts le succès d'un Enseignement Public analogue à chaque espèce d'État Social; là, en mettant toutes les Nations au regard, pour ainsi-dire, les unes des autres, et en révélant à chacune le véritable secret de son bonheur où de ses forces, lequel consiste à pourvoir aux besoins attachés à son Etat Social, et à maintenir l'équilibre entre ces besoins et les moyens d'y satisfaire.

Or si les principes du Droit Naturel sont les mêmes pour tous les Peuples, si les richesses de la nature et les ressources de chaque espèce d'Etat Social suffisent aux besoins de l'homme; et si, malgré ces consolantes vérités, les hommes ont été, et sont par-tout, si éloignés du bonheur, par l'effet universel de l'ignorance, comment révoquer en doute que l'instruction ne soit le plus pressant, le plus impérieux besoin de l'espèce humaine, comme elle est le plus puissant moyen de prospérité nationale et individuelle?

Rien donc de plus important pour les générations présentes et futures, que de profiter de la disposition actuelle des Peuples européens, Dominateurs du reste des Nations, pour établir un système de communication de lumières entre les Peuples; et de là notre méthode d'intercaller dans les traités de paix, des articles explicatifs des droits et des devoirs respectifs des parties contractantes; de là, nos dix articles fondamentaux de la déclaration des droits du genre humain; et de là aussi notre plan d'ouvrage destiné à porter, chez toutes les Nations où il sera rendu commun, une communication fraternelle de connoissances et de bienfaisance réciproques : idée d'autant plus heureuse, que la simple lecture de cet ouvrage opérera insensiblement une destruction universelle des préjugés nuisibles, une génération progressive de l'intelligence humaine, dans tous les pays où la conduite de ceux qui l'y introduiront, ne formera pas elle-même un obtacle invincible à son triomphe, et une opposition perpétuelle avec ses motifs de conviction !

Et ici consultant les Annales des Voyageurs dans l'un et autre hémisphère, d'un pole à l'autre, de l'Orient à l'Occident, qu'on veuille bien nous dire s'il existe encore, chez la plupart des Nations lointaines, quelque impression favorable, quelque souvenir glorieux, dont il soit plus facile aux Français qu'aux autres européens de tirer avantage, pour exercer avec fruit une mission de vertus bienfaisantes, envers ces mêmes peuples qui ont reçu jusqu'ici de l'Europe tant de preuves multipliées de domination tyrannique ? que si, de tems immémorial, on conserve dans toutes les contrées de la terre, une prévention aussi flatteuse en faveur de ce même peuple dont la renommée militaire reçoit continuellement un éclat de plus en plus radieux, à quel autre qu'à ce peuple incomparable, pourroit il donc être réservé de mériter le titre auguste de Bienfaiteur de l'espèce humaine ?

Puisse-t-il donc, en travaillant pour la prospérité générale, commencer par se donner à lui même un plan raisonné d'instruction publique, propre à le faire jouir, de concert avec sa législation, de tout le bien-être, de tout le bonheur auquel il a droit de prétendre! puisse-t-il, persuadé de l'influence incalculable et de l'insdispensable nécessité de l'Enseignement National, pour l'extirpation des préjugés funestes, pour la propagation perpétuelle des connoissances utiles, pour la régénération complète de l'esprit public, assurer au plutôt le succès de cet enseignement précieux, par des moyens fondés sur la nature de l'homme, sur les facultés intellectuelles de l'enfance, et enchaîner toutes les branches de cette importante organisation, de manière à établir, d'une part, dans toutes les principales divisions de la République, des foyers de lumières où l'on aille puiser, à volonté, les divers degrés d'instruction relatifs aux différentes ramifications de la prospérité nationale, et placer, d'autre part, entre ces divisons et au milieu des réunions nombreuses de Citoyens, d'autres corps lumineux, dont la clarté tempérée et bienfaisante doive atteindre insensiblement l'universalité des individus formant avec les premiers, la masse totale et si imposante du Peuple Français !

FIN.

DÉSAVEU
ET
DÉCLARATION

Relativement à mes autres ouvrages.

Je profite de l'occasion, pour désavouer un *Poëme du triomphe des deux mondes*, qui m'est attribué dans une France littéraire, imprimée tout récemment à Hambourg. S'il existe un pareil ouvrage, ce dont je doute fort, je dois déclarer que je n'en suis pas l'Auteur, non-plus que de toute pièce en vers, ou de tout Poëme, soit en prose, soit en vers, dont le Public seroit redevable à quelque Citoyen de mon nom.

Les seuls écrits qui soient de moi, ont paru sous les titres suivans :

1.° Le Triomphe du Nouveau Monde, dont j'ai déjà parlé dans le discours préliminaire, et que je publiai au commencement de 1785.

2.° Nouveau plan de législation financière adaptée aux circonstances présentes et au génie national, br. *in*-8° 1786.

3.° Lettres sur la justification de M. Necker, concernant les emprunts, les impôts, le crédit public, le taux de l'intérêt et l'extinction de la dette publique, *id.* 1787.

4.° La France régénérée, *id.* 88.

5.° Aux Notables assemblés, *id.* 88.

6.° Le Nœud-Gordien, sur les Etats-Généraux, 89.

7.° Le Point de rallîment des Citoyens Français, sur les bases d'une Constitution Nationale, et sur les pouvoirs des Députés, 89.

8.° Question décisive, mise à la portée de tout le monde. (Sur le mode d'opiner par tête ou par ordre, après l'ouverture des Etats-Généraux,) 89.

9.° Lettre au Président de l'Assemblée Nationale sur les avantages politiques à retirer d'un premier décret, concernant les Municipalités et les Districts, 90.

10.° Réponse laconique aux observations sommaires sur les dîmes, 90.

11.° Motion d'un campagnard, sur la déclaration des droits, 90.

12.° Doutes sur les principes de S., concernant une Constitution Nationale, 90.

13. Le Coup foudroyant, ou le Fisc

anéanti, la dette et l'impôt organisés, les accapareurs d'argent confondus, 91.

14.° Les Destinées de la France, ou solution du problème des assignats, 91.

15.° Eclaircissement décisif sur la question des Jurés, 91.

16.° Coup-d'œil sur les lois à former par la Convention, adopté et livré à l'impression par T., Député, Germinal an 3.

(L'article *Assemblée Nationale* dans l'*Union*, ou *Journal de la Liberté*, du tems de l'Assemblée Constituante.)

TABLE

DES MATIÈRES.

FIN DE LA TABLE.

ERRATA.

PAGE 16, ligne 23, dix, *lisez* six.

Page 32, ligne 12, calicu, *lisez* calicut.

Page 37, ligne 22, arts, *lisez* airs.

Page 48, ligne 18, embrassans, *lisez* embrassant.

Page 49, ligne 12, représentans, *lisez* représentant.

Page 149, ligne 7, que les, *lisez* que pour les.

Page 164, ligne 6, 40, *lisez* trente.

Page 186, ligne 8, mouvement, *lisez* sentiment.

Page 193, ligne 20, éprouveront, *lisez* éprouvent.

Page 211, ligne 5, surfaces, *ajoutez* planes ou.

Page 221, ligne 22, distribuerons, *lisez* distribuons.

www.ingramcontent.com/pod-product-compliance
Lightning Source LLC
Chambersburg PA
CBHW070754270326
41927CB00010B/2128
* 9 7 8 2 0 1 3 5 2 4 7 6 6 *